中公新書 2665

天野忠幸著

三好一族——戦国最初の「天下人」

中央公論新社刊

はじめに

三好《みよし》一族は、十五世紀から十六世紀にかけて、四国の阿波《あわ》から当時「天下《てんか》」と称されていた畿内《きない》に進出し、活躍した一族である。「天下」は多義的な用語で、具体的な地域としては京都・畿内・日本全国を意味するが、戦国時代では畿内を指すことが多い。ただ単なる一地域の呼称ではなく、現在で言う首都圏や中央、そして中央政権といったニュアンスを含む。そうした地において、応仁《おうにん》の乱後の京都で徳政一揆《とくせいいっき》を主導した三好之長《ゆきなが》から、堺公方《さかいくぼう》を推戴《すいたい》した三好元長《もとなが》、足利《あしかが》将軍家を擁立せず首都京都を支配する三好長慶《ながよし》、将軍義輝《よしてる》を討った三好義継《よしつぐ》、織田信長《おだのぶなが》の子や羽柴秀吉《はしばひでよし》の甥《おい》を養子とする三好康長《やすなが》、徳川家康《とくがわいえやす》に仕えた三好為三《いさん》や三好房一《ふさかず》に至るまで、三好一族は活躍した。

しかし、現在、三好氏は、東国の伊達《だて》氏・北条《ほうじょう》氏・上杉《うえすぎ》氏・武田《たけだ》氏や、西国の毛利《もうり》氏・長宗我部《ちょうそかべ》氏・島津《しまづ》氏などに比べて、圧倒的に知名度が低い。なぜであろうか。

まず、現代人の多くが考えている戦国時代とは、信長・秀吉・家康の三英傑が登場する時代で、実際は安土・桃山時代とされる時代のことである。この三英傑と関係しない三好氏が、マンガや小説、ドラマ、時代劇、映画、観光の題材になることはなかった。

ただ高校の日本史Bでは、三好氏は全ての教科書で取り上げられており、知っていないとおかしいとも言える。『日本史B 新訂版』（実教出版、二〇一九年）によると、「京都をおさえた細川晴元《ほそかわはるもと》も、執事三好長慶に実権をうばわれ、三好の権力はその家臣松永久秀《まつながひさひで》にとってかわられた」とあり、この記述は平成元年（一九八九）から全く変わっていない。また、『詳説日本史 改訂版』（山川出版社、二〇一九年）には、「細川氏を中心とする内部の権力争いが続いていた」という文章の脚注として、欄外に「実権は細川氏からその家臣三好長慶に移り、さらに長慶の家臣松永久秀へと移った」と記されている。すなわち、三好氏は下剋上《げこくじょう》の代表とされる松永久秀の引き立て役に過ぎない。

こうした理解をさかのぼると、太田牛一《おおたうしかず》の『大かうさまくんきのうち』と頼山陽《らいさんよう》の『日本外史《にほんがいし》』にたどり着く。江戸初期に成立した『大かうさまくんきのうち』は、秀吉の人生を中心に戦国武将の逸話が脚色・創作され、講談や浄瑠璃《じょうるり》の元本となった。江戸後期に執筆された『日本外史』は、歴史考証は不正確であったが、講談や浄瑠璃で人気を博した逸話を積極的に取り込んだことにより、物語としては秀逸で多くの人に読まれた。特に、頼山陽が、儒学的な価値観では否定されてきた信長を、非常時には残虐な処置も必要であったと弁護したことで、信長を秀吉や家康に匹敵する英傑とみなす認識を生み出し、その評価は基本的に現在まで引き継がれることになる。

著者は、松永久秀が三好氏を乗っ取ったという一次史料を見たことがない。

ただ、実証史学が始まった明治・大正時代を代表する歴史学者で、史料編纂掛《しりょうへんさんがかり》主任と東京帝国大学教授を兼任した田中義成《よしなり》氏の講義案を、その死後に門下生たちがまとめた『足利時代史』（一九二三年）や『織田時代史』（一九二四年）を見ると、細川氏の分裂を詳述し、長慶の父元長らを勃興《ぼっこう》する新勢力としているが、長慶や久秀については触れられていない。彼らは混乱と退廃をもたらしただけと考えられ、講義する価値がなかったのかもしれない。

むしろ、東京帝国大学大学院在学中に『日本近世史』第一巻（一九一六年）を執筆した中村孝也《こうや》氏の方が、三好長慶を高く評価している。中村氏は、長慶は「第十六世紀の時代思潮が化生《けしょう》したる多くの英俊の中に伍《ご》して毫《ごう》も遜色《そんしょく》なき大才」であったとし、活動した近畿が「爛熟《らんじゅく》せる因襲崇拝の思想」があり、「大規模の用兵」に向かない地形であったため、その「一生の色彩」が武田信玄《しんげん》・上杉謙信《けんしん》・織田信長・豊臣秀吉・徳川家康のような「豪爽快《ごうそうかい》活《かつ》」の趣はなかった。しかし、その政治的手腕について「真に敬服すべき」とし、京都より摂河泉《せっかせん》に本拠を置いたことを「着眼非凡」とする。また、敵対する細川晴元や足利義輝を迎えたことも「深沈《しんちん》なる思慮と、周到なる用意と、富裕なる温情」と評した。そもそも戦前においては、長慶は連歌《れんが》を愛する冷静沈着な武将という評価が定着していた。

第二次世界大戦後、戦国時代の近畿の研究の中心となったのは、山城国一揆《やましろのくにいっき》や一向一揆《いっこういっき》、そして、堺《さかい》など自治都市の発展であった。それは、戦後民主主義の源泉を探るという時代背景を受けたものでもあった。そのため、一般的には、応仁の乱後、すぐに織田信長が上洛《じょうらく》して全国平定の戦争に乗り出したかのようにイメージされ、その間にあった約一世紀もの中央の政治史は忘れ去られることになった。また、高度成長期の東京一極集中に対する反動から、地方分権の象徴や郷土の英雄として、各地の戦国大名が注目されるが、中央で活動した三好氏は、顧みられることはなかった。

そうした中で、三好氏について通史・一般書を著述したのが、長江正一氏の『三好長慶』(吉川弘文館、一九六八年)、秋永政孝氏の『三好長慶』(人物往来社、一九六八年)、今谷明氏の『戦国三好一族』(新人物往来社、一九八五年)であった。しかし、知名度は上がらなかった。

二十一世紀に入ると、室町幕府や将軍、近畿の大名の研究は大きく進展し、一般書も相次いで刊行されるようになった。一方、信長の先進性や革新性については疑義が呈されている。そもそも現代人の信長のイメージは、太田牛一が著した『信長公記《しんちょうこうき》』に大きく依存し、信長個人が異様に英雄視されてきた。ようやく、信長時代の織田氏をその前代の畿内の大名と比較できるようになったのである。

そもそも、室町幕府を倒して、全国統一を果たすという発想は、当時かなり異常で非常識であった。鎌倉・室町・江戸の三つの幕府が武力倒幕された歴史を知る現代人は、当時も倒幕は選択肢として常に存在していたと考えるが、室町幕府の倒幕は日本史上初めての性格を持つものであった。将軍と対峙《たいじ》し、それを克服するという形での倒幕を、それまでの日本人は経験したことがなかったのである。

そうした中で、室町幕府に代わる新しい中央政権はどうして当時の人々に受け入れられたのか、その前提や環境はどのような過程を経て形成されたのか。それらを考えるため、「天下」と称された日本の中心地・畿内において、約一世紀にわたり、室町幕府や足利将軍とかかわり続け、三英傑の政権にも加わった三好一族について論じることは意義がある。それでは、三好一族の戦いを見ていきたい。

目次

第四章 将軍権威との闘い

――三好長慶・義興と足利義輝

丹後
美濃
若狭
砕導山
朽木
丹波
観音寺
八上
八木
坂本
京都
近江
二条
勝軍地蔵山
摂津
勝龍寺
霊山
槙島
淀
三田
芥川
大山崎
高槻
池田
山城
交野
伊丹
越水
滝山
飯盛
伊賀
大坂
多聞山
兵庫
西宮
尼崎
若江
筒井
奈良
平野
信貴山
伊勢
堺
高屋
柳本
和泉
河内
岸和田
大和
紀伊

伯耆
因幡
但馬
美作
播磨
備中
天神山
備前
松山
高松
本太
常山
洲本
淡路
十河
讃岐
羽床
虎丸
木津
勝瑞
切畑
三谷
青木
一宮
阿波

三好氏略系図

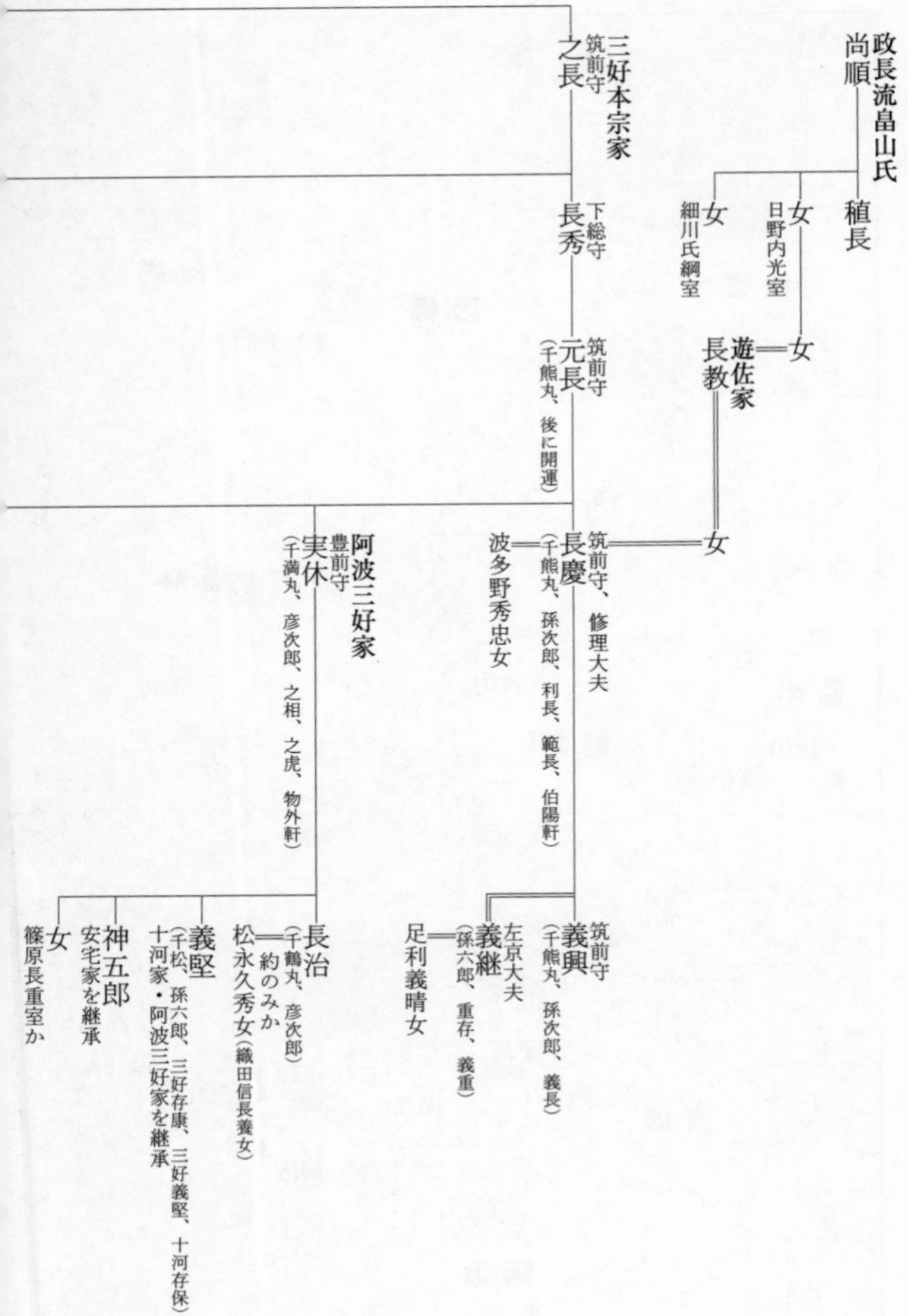
政長流畠山氏
尚順
稙長
女
日野内光室
女
細川氏綱室
女
遊佐家
長教
女
三好本宗家
筑前守
之長
下総守
長秀
筑前守
元長
（千熊丸、後に開運）
筑前守、修理大夫
長慶
（千熊丸、孫次郎、利長、範長、伯陽軒）
波多野秀忠女
阿波三好家
豊前守
実休
（千満丸、彦次郎、之相、之虎、物外軒）
筑前守
義興
（千熊丸、孫次郎、義長）
左京大夫
義継
（孫六郎、重存、義重）
足利義晴女
長治
（千鶴丸、彦次郎）
約のみか
松永久秀女（織田信長養女）
義堅
（千松、孫六郎、三好存康、三好義堅、十河存保）
十河家・阿波三好家を継承
神五郎
安宅家を継承
女
篠原長重室か

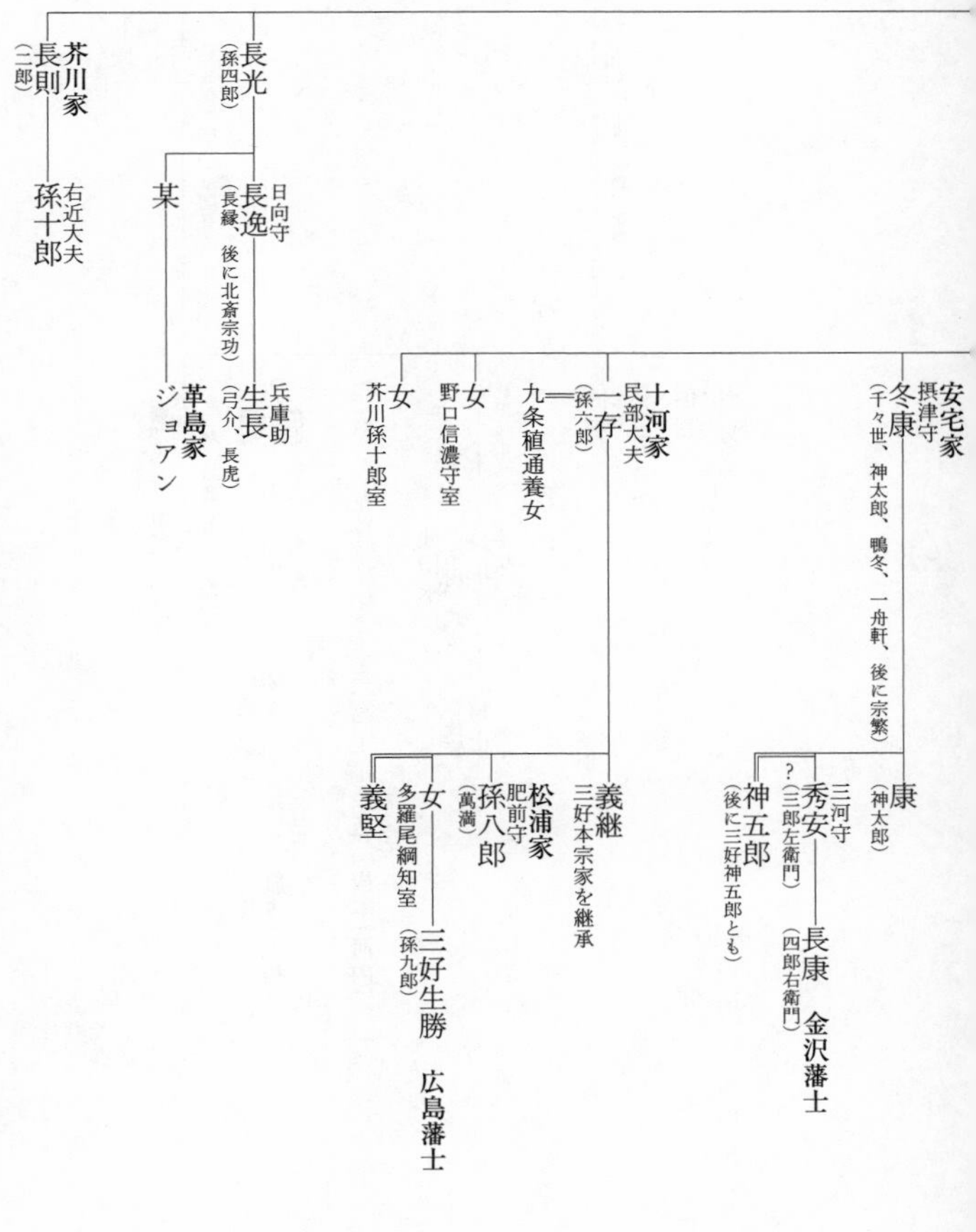

安宅家
摂津守
冬康
（千々世、神太郎、鴨冬、一舟軒、後に宗繁）
康
（神太郎）
三河守
秀安
?（三郎左衛門）
長康
（四郎右衛門）
金沢藩士
神五郎
（後に三好神五郎とも）
十河家
民部大夫
一存
（孫六郎）
九条稙通養女
義継
三好本宗家を継承
松浦家
肥前守
孫八郎
（萬満）
女
多羅尾綱知室
三好生勝
（孫九郎）
広島藩士
義堅
女
野口信濃守室
女
芥川孫十郎室
長光
（孫四郎）
日向守
長逸
（長縁、後に北斎宗功）
兵庫助
生長
（弓介、長虎）
某
革島家
ジョアン
芥川家
長則
（二郎）
右近大夫
孫十郎

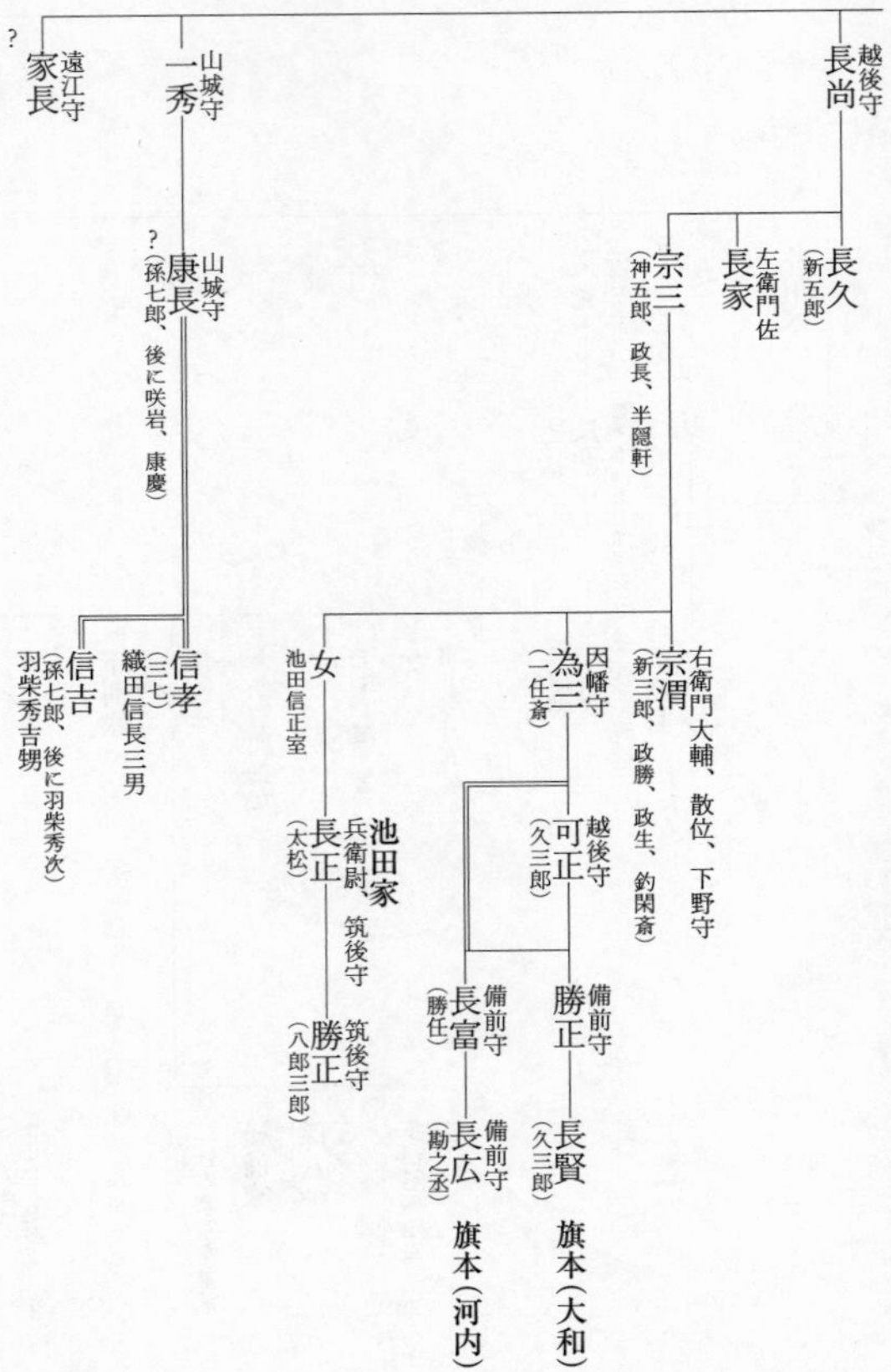

越後守
長尚
長久
（新五郎）
左衛門佐
長家
宗三
（神五郎、政長、半隠軒）
右衛門大輔、散位、下野守
宗渭
（新三郎、政勝、政生、釣閑斎）
因幡守
為三
（一任斎）
越後守
可正
（久三郎）
備前守
勝正
備前守
長富
（勝任）
長賢
（久三郎）
旗本（大和）
備前守
長広
（勘之丞）
旗本（河内）
女
池田信正室
池田家
兵衛尉、筑後守
長正
（太松）
筑後守
勝正
（八郎三郎）
山城守
一秀
山城守
康長
?（孫七郎、後に咲岩、康慶）
信孝
（三七）
織田信長三男
信吉
（孫七郎、後に羽柴秀次）
羽柴秀吉甥
?
遠江守
家長

細川氏略系図

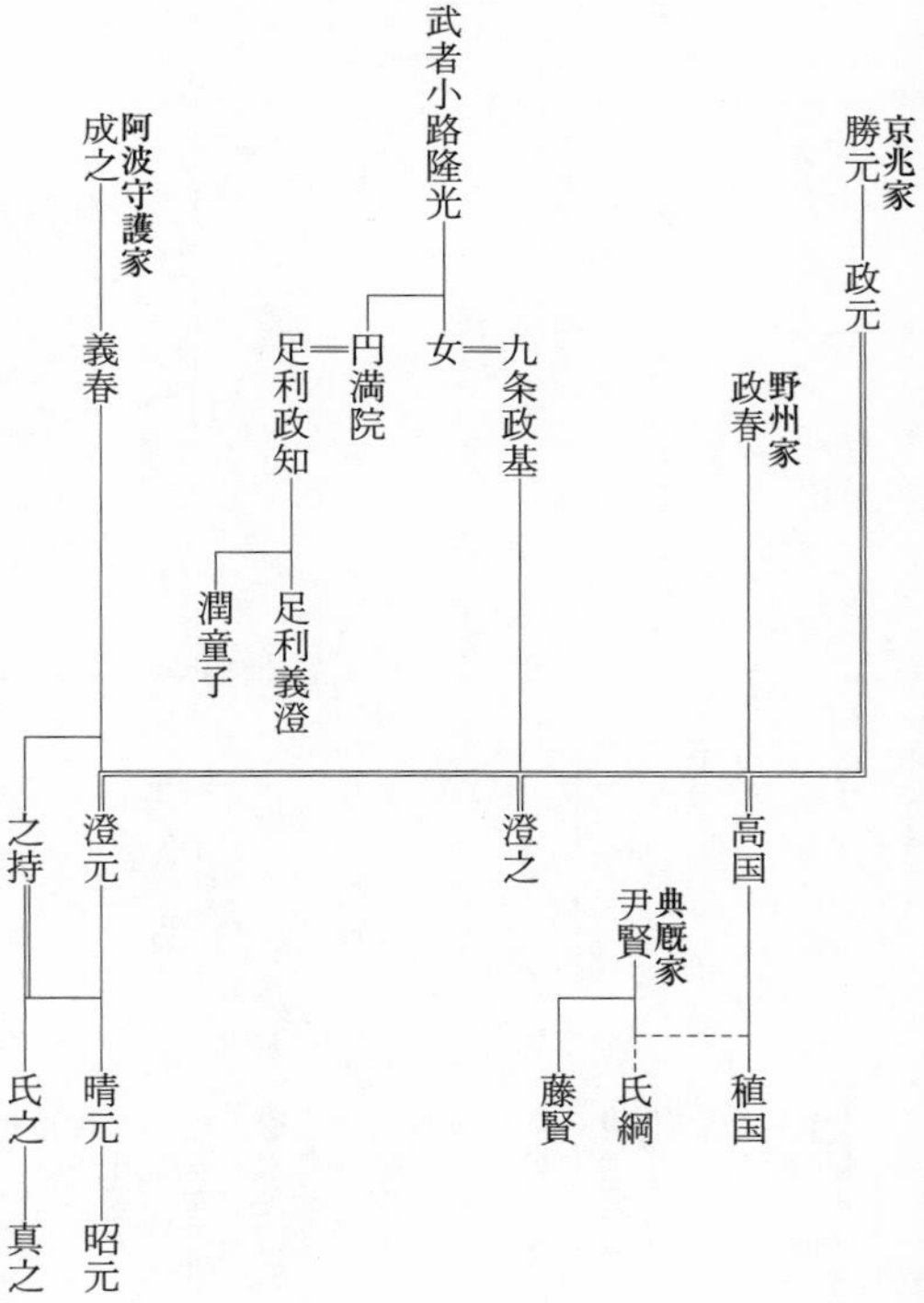
京兆家
勝元
政元
野州家
政春
高国
稙国
典厩家
尹賢
氏綱
藤賢
武者小路隆光
女
九条政基
澄之
円満院
足利政知
足利義澄
潤童子
阿波守護家
成之
義春
澄元
晴元
昭元
之持
氏之
真之

松永氏略系図

- 某
  - 某
    - 松永久秀（道意）弾正忠、弾正少弼、山城守
      - ＝広橋保子（仙渓）広橋兼秀女
        - 兄弟姉妹：広橋国子＝後奈良天皇、広橋国光
      - ＝女
      - 子（母は広橋保子）
        - 女＝竹内長治（竹内季治子、竹内秀勝甥）
          - 竹内孝治
        - 女（織田信長養女）＝伊勢貞為（伊勢貞孝子）
          - 阿古御局
        - 同じ女＝三好長治（約のみか）
      - 子（直接の線）
        - 松永久三郎（多羅尾綱知と竹内秀勝女の子）
        - 松永左馬進
      - 子（母は右側の女）
        - 松永久通（彦六、久通、義久）右衛門佐
          - ＝なへ（十市遠勝女）
          - ＝女
            - 春松
            - 男

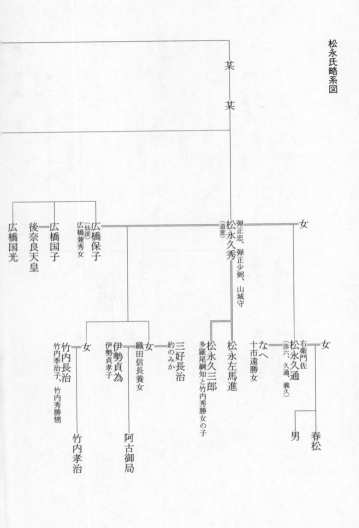

内藤宗勝（甚介、長頼、蓬雲軒）＝女（内藤国貞―女）
- 内藤貞勝（千勝）
- 備前守、小西飛驒守 内藤貞弘（五郎、ジョアン、如安）
- 内藤ジュリア

某
- 松永孫六
- 松永孫四郎

女＝右兵衛尉 野間長久
- 女＝丹後守 池田教正（シメオン）
- 佐吉兵衛尉 野間康久（長前）
- 野間鵜鷹
- 松永左馬進＝女（入江十左衛門尉―女）

妙精＝入江盛重
- 入江政重＝妙忍（下冷泉為孝女）
  - 松永永種
    - 松永貞徳
      - 松永尺五

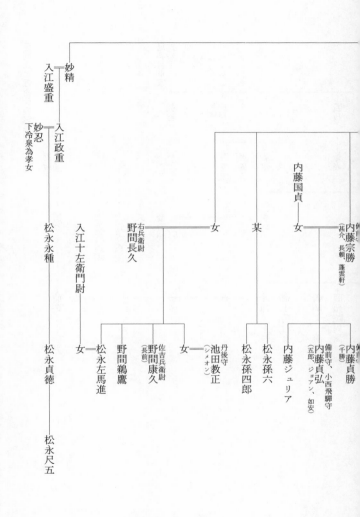

足利氏と近衛氏の略系図

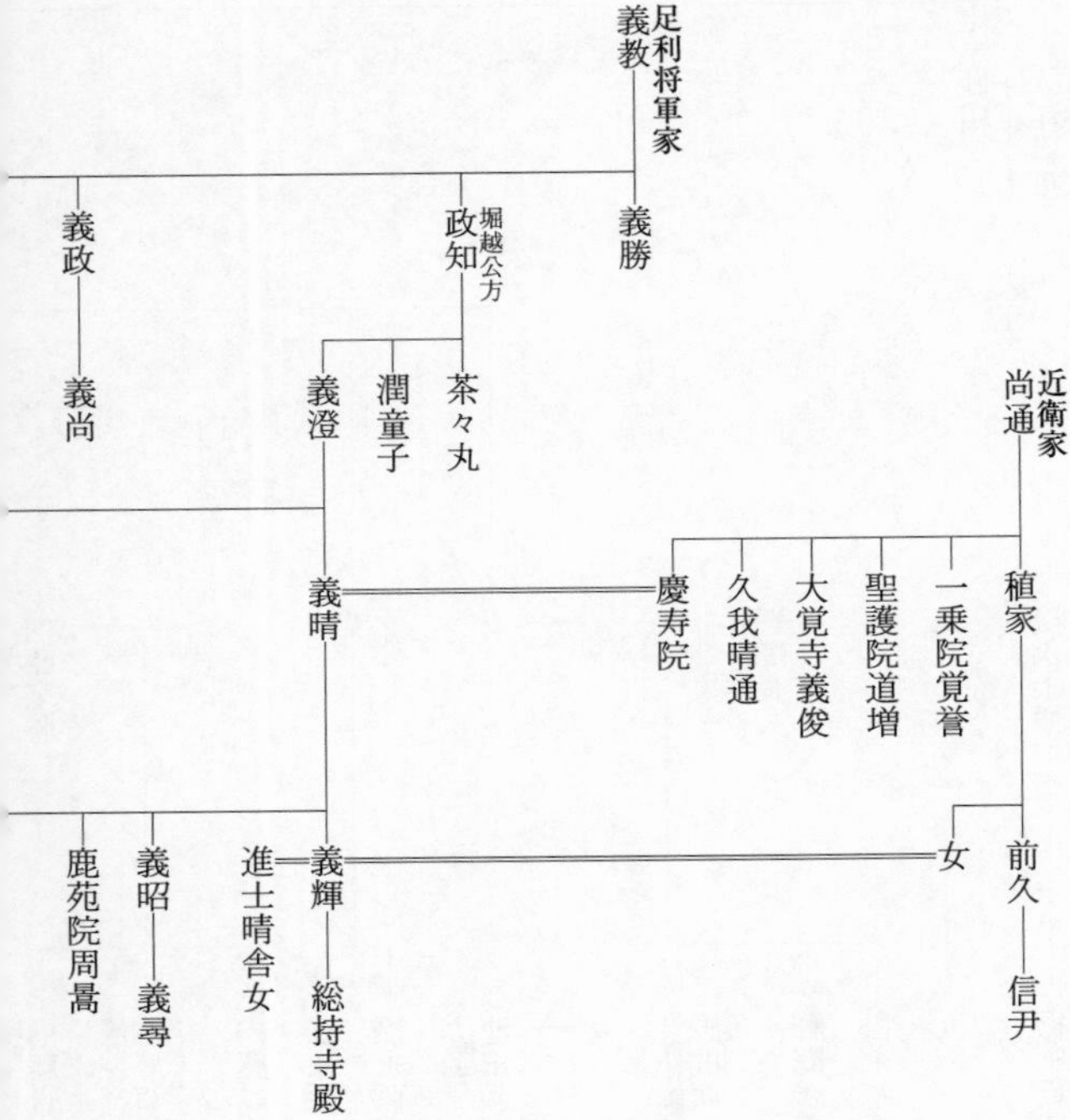

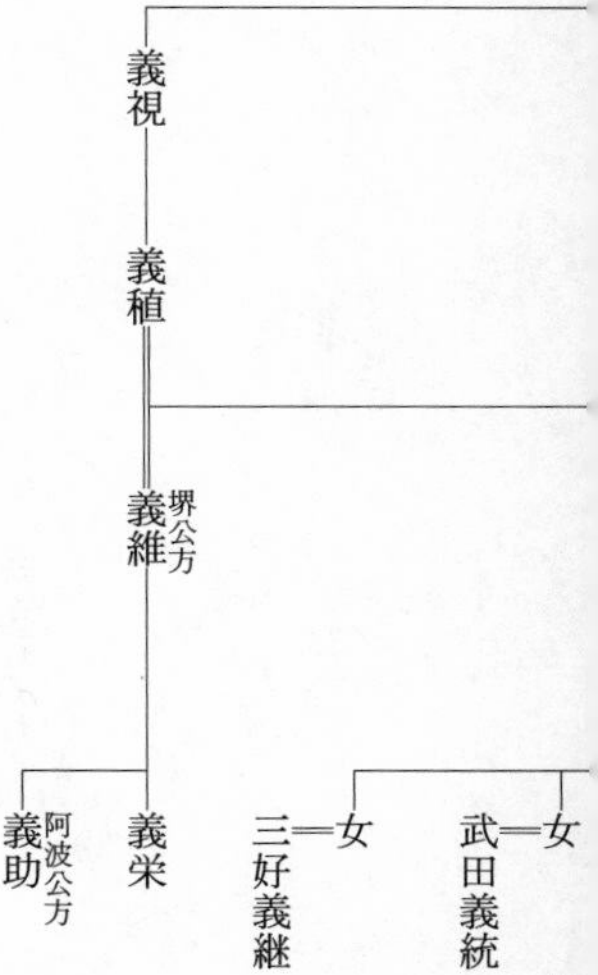

義視
義稙
義維 堺公方
女
武田義統
女
三好義継
義栄
義助 阿波公方

個人の実名の読み方は不確定であるものが少なくないが、読者の便宜を考慮し、著者の推測により読みがなを振った場合がある。

また、系図の作成にあたり、系譜（血縁関係）に諸説ある人物に関して、著者独自の判断で特定の説を採用した場合があることをお断りしておく。

三好一族——戦国最初の「天下人」

第一章　四国からの飛躍
――三好之長と細川一族

1　阿波守護細川家と室町幕府

三好式部少輔家

三好氏は、江戸時代に作成された軍記物や系図によると、信濃《しなの》の小笠原《おがさわら》氏が鎌倉時代に阿波守護《しゅご》となり、その末裔《まつえい》が吉野川《よしのがわ》の源流に位置する三好郡に土着して、三好氏を称したことに始まるとされる。同族意識を持っていたことは間違いないが、戦国時代に台頭した多くの武士たちと同様に、その真偽を確認することは難しい。

このような三好氏に関する一次史料は、十五世紀後半より現れる。寛正《かんしょう》六年（一四六五）二月二十四日、阿波守護細川成之《しげゆき》の奉行人《ぶぎょうにん》（主君の命令を受けて政務を担当し執行する者）である飯尾真覚《いのおしんかく》は、「三好式部少輔《しきぶのしょう》」に対して、三郡に課された税について知らせてまわるよう命じた（『阿波国徴古雑抄《あわのくにちょうこざっしょう》』所収「三好松永文書」）。当時の阿波では、守護代《しゅごだい》（守護の下で一国をまとめる役職）東条《とうじょう》氏の下、国内の数郡をまとめ、それぞれ小守護代《こしゅごだい》（守護代の家人《けにん》でその職務を助ける役職）ないし郡代《ぐんだい》（郡をまとめる役職）を設置していた。南部の東条若狭《わかさ》入道や北西部の三好式部少輔は、そうした者たちだったのである。

文明《ぶんめい》元年（一四六九）には、細川成之の奉行人飯尾常連が、三好式部少輔・片穂常陸《かたほひたち》入道・逸見豊後《へんみぶんご》入道の三名に対して、三郡の納税について指示している（「後藤捷一氏所蔵文書」）。片穂氏は伊豆《いず》出身で鎌倉幕府の北条得宗家《とくそうけ》（嫡流家）の被官《ひかん》（領地を安堵《あんど》されたり、特権を与えられたりして、軍役などの奉仕をする独立性の強い武士）の末裔であり、逸見氏は甲斐《かい》出身で武田氏や小笠原氏と同じく新羅三郎《しんらさぶろう》 源 義光《みなもとのよしみつ》（八幡太郎《はちまんたろう》源義家《よしいえ》の弟）を祖とする。両氏とも東国に系譜を持つ一族であるが、三好氏も小笠原氏の流れをくんでいれば、東国の地名を姓にしているのではないだろうか。そう考えると、三好氏はもともと阿波の国人《こくじん》（在地の有力武士）であったが、成長して阿波北西部の郡代となるに従い、ふさわしい由緒を求めて、一宮《いちのみや》氏など多くの阿波国人が小笠原氏の末裔と称したように、先祖を小笠原氏と定めたのであろう。

こうした三好式部少輔を、後に畿内（山城《やましろ》、大和《やまと》、摂津《せっつ》、河内《かわち》、和泉《いずみ》）で活躍する三好之長や元長、長慶の直接の先祖とする見解がある。しかし、之長や元長、長慶は筑前守《ちくぜんのかみ》の官職名を私称している。途中から改めたのかもしれないが、天正《てんしょう》九年（一五八一）頃にも式部少輔を名乗る三好一族が阿波にいることから、その可能性は薄い。

また、応仁の乱後の文明十七年（一四八五）に、細川成之・政之《まさゆき》親子が三好氏を従えて京都から阿波に下向しているので、阿波とは別に、京都で活動する三好氏がいたようだ。おそらく、阿波北西部の支配を担う三好式部少輔家がもともと本家筋で、後に筑前守の官職名を世襲する庶流の三好家が、在京する阿波守護家当主の側近となったのであろう。この筑前守家が之長や元長、長慶を輩出したことで、戦国時代には本宗家の地位を得ていったのである。

室町幕府と細川家

室町幕府は、関東・東北・九州については分治政策を取り、鎌倉公方《かまくらくぼう》（関東十か国を管轄する鎌倉府の長官）に足利尊氏《たかうじ》の四男基氏《もとうじ》、関東管領《かんとうかんれい》（将軍が任命する鎌倉公方の補佐役）に尊氏の生母の実家である上杉氏、奥州探題《おうしゅうたんだい》に大崎《おおさき》氏（斯波《しば》氏の一門）、羽州探題《うしゅうたんだい》に最上《もがみ》氏（斯波氏の一門）、九州探題に渋川《しぶかわ》氏と、全て足利将軍家の血脈に繫《つな》がる一門を配した。その一方、東海・北陸・近畿・中国・四国は「室町殿御分国《むろまちどのごぶんこく》」として将軍が直轄し、この地域の守護には常時在京を求める。守護になれるのは、幕府創立の際に功績のあった赤松《あかまつ》氏や佐々木《ささき》氏、鎌倉時代から続く名族の大内《おおうち》氏や大友《おおとも》氏、河野《こうの》氏などを除き、足利一門で占められていた。そうした守護が、数か国の守護職《しゅごしき》を兼ねて地方支配に当たる一方、幕閣として京都で将軍と相互に補完し合いながら、幕府を運営するのが基本的なあり方である。

南北朝の戦いの中で、足利将軍家は南朝と戦う一方、有力な足利一族をどう抑え、自らの地位を確立するかが問題となった。そこで、北朝の天皇を守護することに存在意義を見出し、他の足利一族を排除して、天皇との関係を独占し、将軍家だけが高い官職に就くことになる。

そうした中、足利一族であったが傍流の細川氏は、足利尊氏が九州に没落した際に四国を平定したことや、足利義満《よしみつ》が将軍権力を確立する際に尽力したことで、幕府の宿老《しゅくろう》となった。代々右京大夫《うきょうのだいぶ》の官職名を名乗ることから、その唐名《とうみょう》（日本の官職名を中国の制度で呼ぶ時の名称）である右京兆《うけいちょう》に因《ちな》み、京兆家とも称された細川氏の本宗家は、斯波氏や畠山《はたけやま》氏とともに「三管領《さんかんれい》」の家格となった。そして、摂津・丹波《たんば》・讃岐《さぬき》・土佐《とさ》の守護職を兼ねる。また、細川一族には有力な庶流家も多く、守護職を得た家だけで、阿波守護家、淡路《あわじ》守護家、備中《びっちゅう》守護家、和泉上守護《かみしゅご》家、和泉下守護《しもしゅご》家があり、守護職を持たない庶流家の野州《やしゅう》家や典《てん》厩《きゅう》家は、京兆家の家老となった。

室町幕府の盛んな時期には、将軍は重要な案件について評定《ひょうじょう》を行い、宿老たちから意見を徴した。その宿老たちとは、三管領と山名《やまな》・一色《いっしき》・赤松氏、そして阿波守護家である。また、当初は将軍に随従して宴席に出席したり、他家に訪問したりできる特別な家格で、戦国時代になると有力大名の証《あかし》にもなった御相伴衆《ごしょうばんしゅう》にも、阿波守護家は三管領や山名・一色・赤松・京極《きょうごく》・能登《のと》守護畠山・大内氏と名を連ねていた。すなわち、阿波守護家は単独で幕府の重鎮であり、京兆家に次ぐ有力者であったのである。

このような細川一族は強い結束力を誇り、十五世紀中葉には政長《まさなが》流（政長—尚順《ひさのぶ》—稙長《たねなが》—長経《ながつね》—晴熙《はるひろ》—晴満《はるみつ》—政国《まさくに》—高政《たかまさ》—秋高《あきたか》）と義就《よしひろ》流（義就—義豊《よしとよ》—義英《よしひで》—義堯《よしたか》—在氏《ありうじ》—尚誠《ひさまさ》）に分裂して家督争いを繰り返した畠山氏などに代わり、幕政を主導していくようになった。

阿波守護家の内紛

応仁の乱で、東軍の主力として活躍した阿波守護家の細川成之は、乱後の文明十一年（一四七九）四月に、子の政之に家督を譲る。ところが、八月に政之に反発する被官らが、別人を主君に立てようとする騒動が起こった。翌年には京兆家でも細川政元《まさもと》が、野州家の勝之《かつゆき》を当主に立てようとする被官らに拉致《らち》される事件が起きている。細川一族は応仁の乱に勝利したが、実利を得た訳ではなかったので、被官たちの間には不満が渦巻いていたのである。

山下知之氏によると、阿波守護家では、政之と在京する守護代東条氏や奉行人飯尾氏といった宿老衆の対立が深刻化しており、文明十三年（一四八一）十月六日には東条氏と「吉《よし》見《み》」氏の間で争いが起こった（『大乗院《だいじょういん》寺社雑事記』）。この「吉見」こそが「三好」であり、三好之長のこととされている。川岡勉氏は、この頃の守護家では、軍事的才幹により、当主と個人的に結合することで台頭してくる人物があることを指摘しているが、旧来からの宿老層との対立を抱える政之が、三好之長を近習《きんじゅう》（近臣）として新たに取り立てたのであろう。
文明十七年（一四八五）六月十一日、政之の「被官三吉某」が公家《くげ》の高倉永継《たかくらながつぐ》邸を襲撃する事件を引き起こした（「実隆公記《さねたかこうき》」「親長卿記《ちかながきょうき》」）。高倉方が捕らえた盗人を取り返そうとして、三好之長が襲撃したため、細川政元がこれを制止している。政之の信任を得た之長の増長ぶりを見たのであろうか、七月には、東条氏や飯尾氏が政之に背き、阿波に下向してしまった。

邪魔者が消えた京都で、之長は徳政一揆（債権や債務の破棄を求めた武装蜂起《ほうき》）を引き起こす。この時、畿内はひどい日照りで百姓は困窮しており、之長は彼らを糾合したのである。八月九日には所司代《しょしだい》（侍所《さむらいどころ》の次官）の多賀《たが》高忠《たかただ》をはじめ一色氏や細川政元の軍勢が、首謀者である之長の宿所に攻め寄せ、之長が逃げ込んだ政之の屋敷を包囲する事態となった（「後法興院記《ごほうこういんき》」「十輪院内府記《じゅうりんいんだいふき》」）。それに対して政之は、徳政一揆の首謀者は之長だけではなく、政元や備中守護細川勝久《かつひさ》の被官もだとして、それらを全て処刑するのなら、之長も自害させると反論し、包囲した軍勢を追い返している。難を逃れた之長は懲《こ》りもせず、再び三千人の一揆を率いて金融業者を襲い、質物を掠奪《りゃくだつ》したのである。

これを見ても、三好之長は三好式部少輔のような小守護代・郡代層と言うよりは、むしろ京都で経済的に困窮する百姓や足軽《あしがる》らを組織することに長《た》けた人物であった。この頃の日記には、正確に「三好」と記されたものはなく、畿内の公家や僧侶《そうりょ》にとって、之長は急に出現した無名の得体の知れない存在だったのである。

十月になると、東条氏や飯尾氏が国人たちを扇動し、阿波で反乱を起こした。細川成之・政之親子は先陣に三好之長、後陣に河村《かわむら》氏を配して、討伐のため帰国する。この反乱の鎮圧には、野州家の細川政春《まさはる》や典厩家の細川政国、淡路守護家の細川尚春《ひさはる》まで動員しているので、かなり大規模なものであった。鎮圧後、成之・政之親子は上洛するが、之長は在国したようで、公家の日記には見えなくなる。

三好之長画像　見性寺所蔵

長享《ちょうきょう》二年（一四八八）に政之が死去すると、延徳《えんとく》元年（一四八九）に東条氏は再び反乱を起こしていることから、守護と守護代の対立は根深いものがあった。阿波守護家を受け継いだ細川成之の次男義春《よしはる》が在京して幕政に参画する一方、成之は阿波で国内の整備に努めた。

2 細川政元の権勢と死

明応の政変

京都では八代将軍義政《よしまさ》の子である九代将軍義尚《よしひさ》が死去すると、応仁の乱で敗者となったはずの足利義視《よしみ》の子の義稙《よしたね》が十代将軍に就任する。義稙は近江《おうみ》の六角高頼《たかより》を討伐し、自らの武威を示すことで将軍権威の回復に努めた。しかし、こうした戦争への動員は、守護たちにとって大きな負担となり、不満を募らせていた。そうした不満の受け皿となったのが、細川政元である。

義稙は政元を牽制《けんせい》するため、阿波守護家の細川義春を重用していった。山田康弘氏によると、延徳三年（一四九一）に義稙は鎌倉公方や細川京兆家にも許さない将軍家の通字《とおりじ》（代々にわたって名前に付ける字）である「義」一字を与え、義春と名乗らせている。また、義稙は義春の屋敷に移り、そこを新たな将軍御所と定め、信頼の証とした。義稙は、細川政元・畠山義豊・六角高頼・朝倉貞景《さだかげ》を排除し、細川義春・畠山政長・斯波義寛《よしとお》を中心に、幕府を再編しようとしたのである。

一方の政元も、足利義政の後家として、また足利義尚の生母として権勢を振るってきた日野富子《ひのとみこ》や、義尚の養育係を務めた政所《まんどころ》執事の伊勢貞宗《いせさだむね》と手を結び、反攻を企んでいた。

そうした緊張が高まる京都に、三好之長は帰ってきた。明応《めいおう》二年（一四九三）二月、将軍義稙は畠山義豊を討つため軍勢を集めていたが、之長も出陣の門出として十三日に猿楽能《さるがくのう》を催している。この頃、阿波守護家の軍勢は「細川讃州《さんしゅう》、三吉衆《みよししゅう》」と記されており（「蔭凉軒日録《いんりょうけんにちろく》」）、三好氏は阿波守護家の軍事力の中核となっていた。ところが、四月に事態は急変した。政元・富子・貞宗らが、河内に出陣中の義稙を廃し、足利義澄《よしずみ》を新たな将軍とするクーデターを起こしたのである（明応の政変）。

これにより、義稙は正覚寺《しょうがくじ》（大阪市平野区）で捕虜となり、畠山政長は自害した。閏《うるう》四月に京都に戻った義春は十七、八騎で、之長も七騎ほどであったという。

しかし、義稙は六月に京都を脱して越中《えっちゅう》に逃れた。これ以後、半世紀にわたって、足利将軍家が義澄流（義澄―義晴《よしはる》―義輝―義昭《よしあき》）と義稙流（義稙―義維《よしつな》―義栄《よしひで》）に分裂し、室町殿御分国の諸大名を巻き込んで争い続けることになる。

細川義春は足利義澄に従属したが、わだかまりは解けなかったようだ。明応三年（一四九四）十月、義春が山城守護職と称して、三好七郎次郎を橋寺《はしでら》（京都府宇治市）に入部させ、本来の山城守護職である伊勢貞陸《さだみち》（貞宗の子）と一触即発の状況となったのである。これは義春が貞陸に反発する山城国人たちと示し合わせた上での行動であった。しかし、義春の守護職就任はついに成らず、義澄や政元と対立の火種を残したまま、十一月末に勝手に阿波に下向してしまった。この時、越中の前将軍義稙と連携するため、義春は四国へ向かったという風聞が流れている。ただ義春は十二月に死去してしまった。将軍家の分裂は、細川一族の結束に暗い影を落としていく。

明応の政変は、政元や富子が将軍を廃立したことで、応仁の乱以上に将軍の権威を失墜させ、下剋上の風潮を促進したとされる。実際に、政元は義稙に味方した延暦寺《えんりゃくじ》を焼き討ちにするだけでなく、将軍義澄の元服を延期させたり、後柏原《ごかしわばら》天皇の即位式開催を認めなかったりと強権を振るった。

ところが、前将軍義稙を支持する守護は、畠山尚順をはじめ、朝倉貞景や大内義興《よしおき》など後を絶たなかった。それどころか、将軍義澄が成長するに従い、政元と対立する事態も生じ始める。政元と義春の対立により、細川氏の同族連合体制も転換期を迎えていた。

それは内衆《うちしゅう》（有力直臣）についても同様である。政元は明応の政変に功績のあった上原元秀《うえはらもとひで》に細川名字を与えようとしたが、内衆の反発を買い、撤回に追い込まれた。譜代《ふだい》の宿老は、政元に素直に従うだけの存在ではなくなっていた。政元も阿波守護家の政之が三好之長を重用したのと同様に、延暦寺の焼き討ちに軍功のあった信濃出身の赤沢朝経《あかざわともつね》を山城上《かみ》三郡（久《く》世《ぜ》、綴喜《つづき》、相楽《そうらく》）守護代に、讃岐国人の香西元長《こうざいもとなが》を山城下《しも》五郡（乙訓《おとくに》、葛野《かどの》、愛宕《おたぎ》、紀伊《きい》、宇《う》治《じ》）守護代に取り立てるなど、近習に登用して、内衆の再編を目指していく。

薬師寺元一の乱

細川政元は修験道《しゅげんどう》に傾倒して妻を娶《めと》らないまま、延徳二年（一四九〇）に隠居を思い立ち、野州家の少年高国《たかくに》を養子に迎える。ところが、政元の母親が猛反対したため、高国はすぐに野州家に戻されることになった。しかし、翌年に関白九条《かんぱくくじょう》家の幼児の澄之《すみゆき》を養子に迎えている。澄之の母は足利政知《まさとも》（足利義政の弟で、伊豆の堀越公方《ほりごえくぼう》）の妻と姉妹である。また、政知の子が明応の政変で擁立された足利義澄で、その弟の潤童子《じゅんどうじ》は伊豆に留《とど》まっていた。そのため、政元は、京都の将軍に義澄を、鎌倉公方に潤童子を、細川氏家督に彼らの従兄弟《いとこ》である澄之を据えることで、京都と関東、朝廷と幕府の合体による新政権を構想していたとされる。実際は政変の前に、潤童子が異母兄の茶々丸《ちゃちゃまる》に殺害されており、実現しなかったが、将軍になった義澄が駿河《するが》にいた奉公衆《ほうこうしゅう》（将軍直臣）の伊勢宗瑞《そうずい》（北条早雲《そううん》）に茶々丸討伐を命じ、北条氏が関東に進出する契機になったという。

こうして、細川澄之が京兆家の家督を受け継ぐかにみえた。しかし、内衆で摂津守護代の薬師寺元一《やくしじもとかず》は、政元と親政を目指す将軍義澄の対立から、阿波守護家と連携して、義稙の京都復帰を目指していたようだ。すなわち、公家出身の澄之ではなく、義稙に重用された細川義春の子澄元《すみもと》こそが、京兆家の家督にふさわしいと考えたのである。

文亀《ぶんき》三年(一五〇三)五月、元一は政元に無断で阿波に下向し、細川成之と交渉して、澄元を政元の養子とすることを決した。これに怒った政元は元一を摂津守護代から更迭《こうてつ》しようとしたため、永正《えいしょう》元年(一五〇四)九月、元一と赤沢朝経は示し合わせて、実力で政元を廃して澄元を立てようと淀《よど》城(京都市伏見区)で挙兵する。政元より元一討伐を命じられた香西元長は、京都近郊の村々や下京《しもぎょう》に税の半額免除を約することで一挙に兵を集めて、九月十九日には鎮圧することができた。元一は自害させられたが、朝経は助命されている。元一と連携していた義稙方の畠山尚順が紀伊《きい》から和泉に攻め込み、細川成之も三好之長に淡路を攻めさせたが、彼らの援軍は間に合わなかった(「宣胤卿記《のぶたねきょうき》」「後法興院記」)。

政元の後継者争いは、義澄を擁する政元と、義稙に心を寄せる成之の対立と、密接に連関していたのである。

三好之長と細川澄元の上洛

永正元年(一五〇四)十二月、細川政元は養子の細川澄之を家督と定めた。しかし、この頃、政長流畠山氏の尚順は対立する義就流畠山氏の義英と和睦《わぼく》し、南近畿で一大勢力になりつつあった。また、翌年五月に政元は成之討伐軍を編成し讃岐へ出兵させたが、逆に三好之長が淡路を急襲したため、撤兵せざるを得なくなる。こうなっては、政元も成之と和睦するしかなかった。

永正三年（一五〇六）二月、三好之長が執事の撫養掃部助《むやかもんのすけ》を率いて上洛を果たし、四月には細川成之の孫澄元も上洛して、京兆家の家督となる。阿波一国の政治拠点である勝瑞《しょうずい》（徳島県藍住町《あいずみちょう》）と鳴門《なると》海峡を扼《やく》する阿波随一の要港である撫養（同県鳴門市）は当時の旧吉野川で繋がっていた。之長はその撫養氏を執事に編成することで、繰り返し淡路出兵の先鋒《せんぽう》を務めている。同年六月には、その報復として、淡路守護の細川尚春が成之や之長の船を襲い、その荷物を押収したため、之長も淡路一国の政治拠点である養宜《やぎ》（兵庫県南あわじ市）を攻めていた（「実隆公記」）。

翌年八月には撫養修理進《しゅりのしん》が、かつては遣明船《けんみんせん》が発着した要港である兵庫津《ひょうごのつ》（神戸市兵庫区）に設置され、興福寺《こうふくじ》が管轄する兵庫南関《ひょうごみなみせき》を押領《おうりょう》（横領）して問題になっていた。澄元を擁する之長は、撫養と兵庫津という要港を押さえ、兵站《へいたん》を確保しつつ、畿内に展開しようとしたのである。

細川政元の死

京兆家の細川政元は阿波守護家の細川成之との同盟を確かなものとし、赤沢朝経と三好之長を直属の軍事力として、勢威を回復させていく。永正三年（一五〇六）八月には畠山尚順と義英を破った朝経の援軍として、之長も大和へ出陣した。

しかし、政元・澄元派の三好之長・赤沢朝経と澄之派の香西元長の対立は、何も解決されていなかった。九月には之長が元長と下京で喧嘩《けんか》する騒動を引き起こしている。双方とも京中や近郊より一揆を募るのに長けた存在であり、一触即発の状態となった。

またこの頃、政元は丹波守護職を澄之に、摂津守護職を澄元に譲っている。馬部隆弘氏によると、之長は京兆家内衆として、また守護代相当の立場から、摂津だけでなく讃岐でも澄元の命令を現地で執行する存在になったという。その中で、三好越前守や篠原《しのはら》右京進を郡代格として讃岐に送り込んだ。これらは澄之派の摂津守護代である薬師寺長忠《ながただ》（薬師寺元一の弟）や、讃岐西方守護代香川満景《かがわみつかげ》との対立を惹起《じゃっき》していった。

永正四年（一五〇七）四月、政元は澄元や之長、朝経を率いて、丹後《たんご》に出陣したが、翌月には朝経を残し、澄元や之長とともに帰陣する。政元・澄元の勢力が伸長していく中、追い詰められた香西元長らは決起した。六月二十三日の夜に竹田《たけだ》孫七が政元を暗殺すると、翌日には澄元の屋敷を急襲したのである。宿老の東条摂津守らを討たれた澄元と之長は、近江国甲賀《こうか》郡に落ち延びていった。二十六日には朝経が自害した。公家の中御門宣胤《なかみかどのぶたね》は元長のクーデターについて、澄之への家督相続が反故《ほご》にされたことの遺恨であるとしている。澄之は七月八日に丹波から上洛して、将軍義澄より京兆家の家督に認められた。

しかし、澄之や香西元長は細川一族の支持を取り付けることはできなかった。八月一日、細川政元の最初の養子であった高国が、典厩家の政賢《まさかた》、淡路守護家の尚春とともに、澄之や香西元長、摂津守護代の薬師寺長忠、讃岐東方守護代安富元治《やすとみもとはる》、讃岐西方守護代香川満景を攻め滅ぼしたのである。この時、高国と申し合わせていた澄元は、先陣を赤沢朝経の養子長経《つね》ら、後陣を三好之長兄弟とし、甲賀衆や六角《ろっかく》氏の援軍を得て京都に迫っており、翌日には上洛した。香西元長は、京兆家譜代の守護代と綿密に打ち合わせ、澄之を擁立するクーデターを主導したが、細川一族の反発を買って失敗に終わった。

一方の澄元と之長は上洛してわずか一年で後見人の政元を失い、それまで京兆家を支えてきた内衆も解体してしまった。細川一族との関係を深める間もなく、京兆家を率いていかねばならなくなったのである。

ところが澄之らを滅ぼしたわずか十二日後の八月十三日、之長の軍勢が京都で狼藉《ろうぜき》を繰り返したため、澄元が西国に下りたいと言い出し、将軍義澄が制止している（「宣胤卿記」）。この時は之長が被官の梶原《かじわら》氏を処刑して詫《わ》びを入れたため収まったが、京都は不穏な空気に包まれた。

3　細川家の分裂

戦国の始まり

細川澄元は永正五年（一五〇八）正月に右京大夫に任官し、京兆家の家督となった。この頃、阿波から讃岐にかけて大規模な反乱が起こっていたようで、細川成之は二月に三好之長に祖谷山《いややま》（徳島県三好市）の阿佐《あさ》氏らを率いて鎮圧するよう命じている。問題行動が多いものの、之長は阿波守護家にとって頼りになる軍事力であった。

しかし、之長が京兆家を中心とする細川一族の結束を乱していることを危惧《きぐ》した成之は、三月五日付で野州家の細川高国と典厩家の細川政賢に対して書状を送り、之長は成之や細川政元に対して怠慢があったが堪忍していたところ、澄元を補佐することもできず、畿内の平和を乱しているので、一家として成敗を加え、澄元が家を守り抜けるように指南してやってほしいと頼んでいる。ただ、高国らの反発を買ったのは、之長だけでなく、澄元が阿波より連れてきた高畠長信《たかばたけながのぶ》らも同様で、澄元側近の阿波衆と京都の細川一族の軋轢《あつれき》は深まるばかりであった。

そもそも、高国は既に澄元を見限っており、十七日に京都を離れ、伊賀仁木《いがにき》氏のもとに身を寄せると、丹波守護代の内藤《ないとう》氏とともに挙兵する。前将軍の足利義稙が大内義興とともに周防《すおう》から上洛するという噂《うわさ》が流れており、実際に高国は義稙らと結んでいたようだ。四月になると澄元と之長に続いて、将軍義澄までも近江に逃げ出してしまった。細川氏も畠山氏や足利将軍家に続いて、高国流（高国―氏綱《うじつな》）と澄元流（澄元―晴元《はるもと》―昭元《あきもと》）に分裂して争う時代に突入したのである。

近衛尚通《このえひさみち》は、こうした状況を中国の春秋戦国時代になぞらえ、「戦国の世の時の如《ごと》し」と嘆いた（『後法成寺関白記《ごほうじょうじかんぱくき》』）。これが室町後期を「戦国時代」と呼ぶ一因となる。

堺で高国や政長流畠山氏の尚順に迎えられ上洛した義稙は、源頼朝《よりとも》から徳川慶喜《よしのぶ》までの歴代将軍のうちでただ一人、将軍に再任された。高国は、澄元方の池田貞正《いけださだまさ》や芥川信方《あくたがわのぶかた》（薬師寺元一の末弟）といった摂津国人を討ち、大和の赤沢長経も捕らえて処刑した。そうして、右京大夫となり京兆家家督の座に就いた管領細川高国、山城守護職を獲得した大内義興、南近畿を平定した畠山尚順・稙長親子、その一族で能登守護の畠山義元《よしもと》と、畿内・西国・北国の有力大名が義稙のもとで幕政に参画した。高国は多くの諸大名の反発を招いた細川政元の手法を改め、幕府の分裂状態を解消しようとしたのである。

如意嶽の戦いと三好長秀の死

近江の細川澄元は、永正六年（一五〇九）五月から六月にかけて、三好之長を取次として、自治都市として栄えていた大山崎《おおやまざき》（京都府大山崎町、大阪府島本町）を味方につける。そして、六月十七日、之長・長秀《ながひで》親子は三千の軍勢を率い如意嶽《にょいがたけ》（京都市左京区）に陣取った。ところが、細川高国・大内義興・畠山稙長の軍勢は二万から三万の大軍であったため、夜に降った大雨に紛れて、戦うことなく敗走する。

この時、三好長秀は伊勢《いせ》の山田《やまだ》（三重県伊勢市）にまで逃れ、伊勢神宮の御師《おし》（参詣《さんけい》の世話をする下級ながらも有力な神職）である山田《やまだ》御炊大夫《おおいたゆう》に匿《かくま》われた。澄元はかつて伊勢守護職を与えられたことがあったので、長秀は伊勢で兵を募ろうとしたのであろう。しかし、将軍義稙に味方する伊勢国司の北畠《きたばたけ》材親《きちか》や志摩《しま》国人らに攻められ、八月に長秀とその弟は被官十数名とともに自害する（「実隆公記」）。長秀の首と捕虜になった赤沢次郎や篠原孫四郎は京都に送られた。伊勢で再挙するという目論見《もくろみ》が失敗した澄元は、閏八月に阿波へ退去した。

義稙は、伊賀仁木氏や伊勢北畠氏、美濃《みの》土岐《とき》氏、越前《えちぜん》朝倉氏、そして延暦寺に軍勢催促を行い、近江に残った前将軍義澄を包囲していく。義澄もそれに負けず、義稙の暗殺を企てており、十月には、義稙が自ら刀を振るって、刺客を撃退する事件が起きている。激怒した義稙は、永正七年（一五一〇）二月に近江を攻めたが大敗し、膠着《こうちゃく》状態となってしまった。

船岡山の戦い

永正八年（一五一一）、近江の前将軍義澄が反攻を開始する。六月には長男の義維を阿波の細川澄元に、次男の義晴を播磨《はりま》の赤松義村《よしむら》に遣わして、将軍義稙包囲網を形成したのである。ところが、澄元は祖父成之にたびたび協力を求めるも支援を得られなかった。そのため、京兆家が守護職を持つ讃岐の十河《そごう》五郎や摂津国人らを味方につけようとしている。

阿波を出陣した典厩家の細川政賢や和泉上守護家の細川元常《もとつね》は、澄元の兄で備中守護家を継いでいた細川之持《ゆきもち》と妻同士が姉妹関係にある赤松義村、義就流の畠山義英らとともに、八月に将軍義稙を丹波に追い落とすことに成功した。ところが、肝心の義澄が同月十四日に岡《おか》山《やま》（滋賀県近江八幡市）において死去したのである。意気消沈した政賢は、二十四日の船岡《ふなおか》山《やま》（京都市北区）の戦いで細川高国や大内義興に敗れて討死《うちじに》し、澄元も阿波に敗走した。

馬部隆弘氏は、この戦いに阿波勢が動員されていないことに着目する。阿波国人に対する軍勢催促権は成之が握っており、澄元の動員に応じなかった。それどころか、この時期、澄元の取次を務める三好之長までもが澄元の上洛戦に参加せず、高国の讃岐西方守護代で讃岐に討ち入った香川元綱に与《くみ》し、高国を裏切った三好郡の大西《おおにし》氏を討つよう、同郡の阿佐氏などに命じているのである。また、之長は阿波守護家の領地があった備前《びぜん》の児島《こじま》に出陣しており、あくまで阿波守護家の論理で動いていたという。

澄元は実家の阿波守護家に頼らず、京兆家当主として上洛作戦を指揮したが失敗に終わった。成之が動かなかった理由は不明であるが、高国の調略が四国にまで及んでいたことや、九月十二日に死去しているので、病床にあったためであろう。

一方、船岡山の戦いに勝利した将軍義稙は、九月に淡路守護細川尚春の子である彦四郎に、阿波守護家の家督を認めており、阿波侵攻の先手《さきて》にしようとしていた。

そうした中、永正九年(一五一二)正月には兄の細川之持までも死去し、澄元は追い詰められる。

淡路攻め

細川澄元にとって最大の課題は、阿波守護家の立て直しとなった。澄元は兄の之持が死去した直後、阿波国人の海部《かいふ》孫六郎に、阿波守護家の再興について宿老たちで相談するよう命じている。また、宿老の一人である一宮《いちのみや》氏らが反乱を起こした際には、三好之長を取次として三好郡の祖谷衆中へ、一宮城(徳島市)より東条修理亮・岡本《おかもと》九郎右衛門尉・河村安芸守《あきのかみ》がそちらへ落ち延びたので、討ち捕らえたら、彼らの領地などを恩賞として与えると約している(「喜多文書」)。之長も澄元の下に復していたようだ。

馬部隆弘氏によると、澄元は長男で京兆家を継ぐべき晴元と、次男で阿波守護家を継ぐ氏《うじ》之《ゆき》が生まれたことで、後継者に見通しが立ち、三度目の上洛戦を企図するようになったという。氏之は長らく持隆《もちたか》とされてきたが、森脇崇文氏によると一次史料で確認できず、それは誤りである。永正十四年（一五一七）九月、三好之長と寒川《さんがわ》氏に率いられた阿波・讃岐勢は淡路に攻め入り、淡路守護家の細川尚春を堺に追放した。

一方、畿内では、将軍義稙と細川高国が対立し、永正十五年（一五一八）には、大内義興が尼子経久《あまごつねひさ》に対処するため周防に帰国する。

こうして、澄元に上洛の好機が訪れたのである。澄元は赤松義村らを通じて、将軍義稙と連携していく。そして、永正十六年（一五一九）に之長は淡路の細川尚春を討つと、十一月に兵庫津へ渡海し、義就流の畠山義英と合流する。船岡山の戦いの時とは異なり、今度は海部氏・河村氏・久米《くめ》氏・東条氏といった阿波勢や、香川氏・安富氏といった讃岐勢を総動員した上洛戦であった。

三好之長の死

永正十七年（一五二〇）正月、三好之長の来襲に合わせて京都で徳政一揆が起こり、二月に細川高国が細川澄元に備えて築いた越水城《こしみずじょう》（兵庫県西宮市）が開城すると、高国は近江に退去した。この時、将軍義稙は高国を見捨てて、澄元に京兆家の家督を認めた。

これを受け、之長は三月十五日に一度上洛し偵察した後、改めて十七日に馬上百騎にそれぞれ甲冑《かっちゅう》を着けさせ、二万余の兵を率いて堂々と上洛を果たす。見物した公家の鷲尾隆康《わしのおたかやす》は三好勢を「美麗驚目《きょうもく》」と評す一方、過半は京都やその周辺の住民であったとしているので（『二水記《にすいき》』）、徳政一揆も加わっていたのであろう。之長は徳政免除と税の半額免除を約して、大山崎を誘っており、都市部と周辺の農村部で徳政免除と徳政を巧みに使い分けて、軍勢を動員していったのである。

しかし、この時、澄元は伊丹《いたみ》城（兵庫県伊丹市）で病床にあり、上洛は叶《かな》わなかった。

そして、五月になると、高国は六角氏・朝倉氏・土岐氏ら諸大名や内衆の内藤氏など四、五万の軍勢を率いて東山《ひがしやま》に陣取り、四日から五日にかけて、応仁の乱以来という大合戦となった。四、五千の三好勢は見物する京都の公家や町衆《まちしゅう》から武勇の至りと称賛される働きを示したが、海部氏以外の阿波・讃岐の国人が相次いで高国方に寝返ったため、大敗を喫した。阿波国人と之長の対立は根深く、それを押さえられる澄元が病で出陣できない影響は大きかったのである。

之長らは曇華院《どんげいん》（京都市右京区）に潜んでいたところを、高国方に見つかり包囲されてしまった。五月十日に之長の子の三好長光《ながみつ》と芥川長則《ながのり》（阿波国人の芥川氏に養子入りしていた）

兄弟が高国方に出頭すると、翌日には之長とその弟長尚《ながなお》の子である長久《ながひさ》も降伏する。之長に父尚春を殺害された細川彦四郎が処刑を主張したため、之長と長久は百万遍《ひゃくまんべん》（浄土宗《じょうどしゅう》知恩《ちおん》寺《じ》。当時は京都市上京区）で切腹させられた。十二日には長光・長則兄弟も切腹している。澄元は阿波に退去したが六月十日に死去し、畠山義英も大和に敗走した。

三好之長は京都の公家社会では悪人として忌避されたが、たびたび徳政一揆を主導し、または逆に徳政免除、さらには税の半額免除を駆使して軍勢催促を行うなど、京都やその近郊の都市民・百姓らの機微に通じた人物であった。軍事的才覚にも長けており、阿波守護家当主からの信頼こそが、その権力基盤であった。ところがそれゆえに阿波国人との対立を生むことになったのである。

また、足利将軍家の分裂は、義澄方の京兆家と義稙方の阿波守護家というように細川一族の結束も引き裂いた。その上、京兆家もまた、高国と澄元に分かれることになった。こうした混乱状況の中で、京兆家と阿波守護家に両属する特別な立場を有した之長は、その後の三好氏発展の基礎を築いたのである。

第二章 「堺公方」の柱石
——三好元長と足利義維

1 将軍家の分裂

足利義稙と養嗣子義維

細川高国から細川澄元に乗り換えようとした将軍義稙《よしたね》の目論見は、三好之長の滅亡によって失敗に終わった。永正十八年（一五二一）、高国と微妙な関係になった義稙は、後柏原天皇の即位式をすっぽかして淡路へ出奔する。義稙はかつての細川政元を真似《まね》て、自らの力を示したかったのかもしれないが、高国は義稙を見限って即位式を執り仕切り、天皇の信任を得た。そして、高国は赤松氏より足利義澄の次男義晴を迎えると、十一月、政元以来二十七年ぶりに管領に就任し、加冠《かかん》役（元服の儀式で冠を着ける役）を務めて元服させ、「義晴」の名まで推挙して、将軍に就けた。同年八月の大永《だいえい》改元は、後柏原天皇と将軍義晴の治世の始まりを意味するものとなったのである。

政元は四度管領に就任するが、いずれも儀礼のためで数日の在任に留まったのに対し、高国は約一か月も在職している。高国は政元の手法を否定し、理想の幕府を自らの手で創り出すつもりであった。

一方、再び将軍を解任された義稙は、自らが京兆家の家督と認めた澄元の子晴元を頼って、阿波へ向かい、大永三年（一五二三）四月に死去した。この後、阿波で養育されていた義澄の長男義維《よしつな》が、義稙の養嗣子として、将軍を目指すことになる。

応仁の乱や明応の政変によって、幕府が分裂し衰退に向かったことは間違いない。その一方で、西軍の総大将であった足利義視が美濃に身を寄せたり、前将軍の足利義稙が北国から西国、そして四国を流浪したりしたことによって、足利将軍家が室町殿御分国を廻国《かいこく》する状況が生まれた。それを落ちぶれた流浪と否定的にのみ捉《とら》えることは適切ではないだろう。

地方の大名や国人は、義視や義稙を迎えることで上洛に向けた軍勢催促など面倒事を抱え込んだ半面、家格秩序の頂点に位置する足利将軍家に頼られる存在であると、周辺の勢力に自らの力を示すこともできた。また、基本的に京都から出ることがなかった足利将軍家という武家最高の貴種を奉じ、その権威や秩序、文化に接する機会を得ることで、彼らが幕府体制を維持しようとすることに、それなりに影響を与えたであろう。

そうした中で阿波は、現将軍の兄にして前将軍の養嗣子に加え、管領家の後継者という幕政に参画できる候補者を二人も擁していたのである。

堺への渡海と桂川の戦い

三好之長の死により、その跡は孫の元長が継いだ。之長が自害して半年後の永正十七年（一五二〇）十二月、元長は浄土真宗本願寺《ほんがんじ》教団の有力者である興正寺《こうしょうじ》の要請により、退転していた安楽寺《あんらくじ》を保護し、郡里《こおざと》（徳島県美馬市）への復帰を命じている（「安楽寺文書」）。この時、元長を補佐したのが、阿波守護家の内衆の篠原長政《ながまさ》であった。

馬部隆弘氏によると、京兆家と三好氏を結ぶ側近取次（使者などの業務を行う被官）は高畠氏で、阿波守護家と三好氏を結ぶ側近取次が篠原氏であった。また、三好之長の妻である「五位女《ごいじょ》」（「菊大路《きくおおじ》文書」）が、高畠徳夜叉《とくやしゃ》の祖母で内侍所《ないしどころ》の五位と呼ばれる女性と同一であった可能性も示唆している。

少年の細川晴元は、細川一族と推測される僧侶の光勝院周適《こうしょういんしゅうてき》や可竹軒周聡《かちくけんしゅうそう》の補佐を受け、阿波出身の古津元幸《ふるつもとゆき》、摂津出身の茨木長隆《いばらきながたか》、近江出身の篠原之良《ゆきよし》といった側近集団を形成し、上洛の機をうかがっていた。

細川晴元・氏之兄弟や三好元長が阿波に逼塞《ひっそく》していた大永年間（一五二一〜二八）は、公

三好元長画像　見性寺所蔵

家からの支持も得た細川高国の全盛期である。高国は、上野玄蕃頭《うえのげんばのかみ》家の細川国慶《くによし》、丹波守護代の内藤国貞《くにさだ》、摂津守護代の薬師寺国長《くになが》、摂津国人の伊丹国扶《いたみくにすけ》・塩川国満《しおかわくにみつ》、土佐国人の長宗我部国親《くにちか》らを編成し、領国支配も安定していた。

ところが事態は急転する。大永五年（一五二五）に、高国が家督を譲った息子の稙国《たねくに》が病死したのである。翌年には、高国の従兄弟である典厩家の細川尹賢《ただかた》と近習の波多野《はたの》元清《もときよ》・香西元盛《もともり》・柳本賢治《やなぎもとかたはる》の三兄弟の対立が深まった。元清は丹波国多紀《たき》郡を支配し、元盛は高国の命により、山城下《しも》五郡守護代であった香西元長の跡を継いでいた。賢治は高国に馬廻《うままわり》（主君の護衛）として仕える柳本氏の養子となり、摂津守護代薬師寺国盛《くにもり》（薬師寺元一の子）の娘を妻に迎えている。そのうちの香西元盛が尹賢の讒言《ざんげん》で自害させられたことに怒った元清と賢治は、十月に丹波で挙兵した。

阿波の足利義維・細川晴元・細川氏之・三好元長は、この好機を見逃さなかった。典厩家の細川晴賢《はるかた》やその被官の松井宗信《まついむねのぶ》、和泉上守護家の細川元常、三好之長の弟長尚の子である長家《ながいえ》・宗三《そうさん》兄弟が先陣として、十二月十四日に堺に渡海したのである（「二水記」）。

大永七年（一五二七）正月、晴元は波多野氏と結んで、高国を挟撃する準備を進める。二月になると、元長は井隈庄《いのくまのしょう》（徳島県藍住町）などを三好之長の菩提《ぼだい》を弔う勝瑞の見性寺《けんしょうじ》に寄進した。祖父の仇《かたき》である高国討伐の成就を祈願したものであろう。義維らは和泉守護代の松浦守《まつらまもる》や義就流の畠山義尭、因幡《いなば》守護の山名誠通《のぶみち》、伊勢国人の長野《ながの》氏と連携して、但馬《たじま》の山名誠豊《のぶとよ》や伊勢の北畠晴具《はるとも》を牽制する一方、近江の六角定頼《さだより》に晴元との縁談を申し入れるなど、義晴方の大名に調略を仕掛け、義晴と高国を孤立させていった。

そして、三好長家・宗三兄弟は、丹波の柳本賢治と合流し、二月十三日に桂川《かつらがわ》や川勝寺《せんしょうじ》（京都市右京区）で、出陣してきた将軍義晴や細川高国、若狭の武田元光《もとみつ》を大いに破り、十六日に上洛を果たす。これを受け、三月二十二日、元長は義維と晴元を擁して阿波から堺へ渡海した。

義維はかつて養父の足利義稙が周防から堺の四条道場引接寺《しじょうどうじょういんじょうじ》（堺市堺区）に入り、上洛して将軍に再任した嘉例《かれい》（めでたい先例）に従い、自身も在所とした。しかし、将軍義晴や高国は、三月に豊後の大友義鑑《よしあき》と阿波の海部下野守《しもつけのかみ》、五月に土佐の一条房家《いちじょうふさいえ》に阿波侵攻を命じていたので、阿波守護の細川氏之はそれらに備えねばならず、義維も動けないでいた。結局、義維は七月に在堺のまま、代々の将軍候補者が任官する従五位下左馬頭《じゅごいのげさまのかみ》に任じられ、「堺大樹《さかいたいじゅ》」「堺公方」と呼ばれるようになる。

堺公方の苦悩

大永七年(一五二七)十月、近江から将軍義晴が細川高国や六角定頼を率いて上洛したが、三好元長と柳本賢治がこれを追い払った。このあたりから、両陣営の駆け引きが始まる。

翌年正月、元長と定頼・高国の間で和睦交渉が行われた。足利義維方の賢治や三好宗三はこれに反対して京都から退去する。三月には、元長が細川晴元の説得に失敗し、四国に帰ったとの噂が流れたが、実際は、淡路の安宅《あたぎ》氏が謀反を起こしたので鎮圧に向かったのであろう。

五月になると、高国が失脚し近江に退去するが、和睦交渉自体は続いていた。晴元は高国との和睦を拒否していただけで、将軍義晴を認めるつもりであったという(「二水記」)。晴元は義維を高国討伐の大義名分としてしか見ていなかったようだ。

一方、義維の在堺に不信感を募らせる将軍義晴が、近江に退去したため、和睦交渉は決裂した。元長も失脚の危機であったが、晴元にとって元長の軍事力は重要であり、七月には逆に山城下五郡守護代に任じられている。早速元長は京都を暫定的に支配していた同僚の柳本賢治を追い落とした。

こうして見ると、元長は、義維を将軍に就け、高国とは和睦した上で平和裏に京兆家の家督を晴元に譲らせる方針であったようだ。それに対して、晴元や賢治は将軍義晴の下で、高国を完全に排除するつもりであったのである。和睦方針をめぐって、大きな隔たりがあった。十一方の義晴方では、義維と交渉する高国そのものが全く信用されていなかったのである。十一月には、柳本賢治が大和や河内を平定し、表面的には義維方が畿内を制圧するが、義維・元長と晴元・賢治の間の亀裂《きれつ》は深まっていった。

このような義維方に対して、将軍義晴は坂本《さかもと》（滋賀県大津市）からさらに朽木《くつき》（同県高島市）に退去していたが、全国的に唯一正統な将軍として認められていた。上杉氏・朝倉氏・武田氏・北畠氏・畠山氏・赤松氏・山名氏・大友氏といった大名が義晴を支持し、彼らに幕府や朝廷の栄典《えいてん》（役職や官位）を授与できたのも義晴だけである。

八月には、後奈良《ごなら》天皇が室町時代の慣例に従い、京都にいなくても義晴と相談して、享《きょう》禄《ろく》に改元した。義晴も近江から、琉球《りゅうきゅう》の国王に返礼の書を遣わし、明《みん》の皇帝に勘合符《かんごうふ》（船舶の渡航証明書）を求める国書を発給している。義晴は自分こそが唯一の将軍であり日本国王であると、その地位を誇示し続けた。

それに対して、足利義維に味方する守護は、義就流の畠山義堯と妹が義維に嫁いでいた大内義隆《よしたか》のみであった。義就流畠山氏は義堯の父義英の時代から、澄元流細川氏と結んできた経緯がある。また、大内義隆の父義興は、義維の養父義稙を庇護《ひご》し上洛した功労者であり、足利義晴を支える細川高国とは遣明船貿易をめぐって対立する間柄でもあった。義維方と義晴方には圧倒的な格差が存在していたのである。

2　細川晴元・氏之兄弟

大物崩れ

享禄二年（一五二九）六月、柳本賢治と松井宗信は六角定頼と和睦交渉を行う。馬部隆弘氏や村井祐樹氏によると、この交渉で将軍義晴の直轄領の安堵が細川晴元と相談されていること、定頼が細川高国の排除を義晴に意見しており、縁組が進む晴元を支持していること、義晴の上洛が予定されていることなどから和睦が進み、義晴の意を受けた晴元の命令によって、賢治と宗信が京都を支配する体制が成立したと指摘する。これによって、八月には三好元長が阿波へ没落することとなった。

ただ、三好一族全体が失脚した訳ではない。桂川の戦いを勝利に導いた三好長家・宗三兄弟の父の長尚は、長洲庄《ながすのしょう》（兵庫県尼崎市）の代官職を獲得していた。長家は桂川の戦いの直後に死去したが、宗三は細川一族と推測される可竹軒周聡や、元は義就流畠山氏の義堯の被官であった木沢長政《きざわながまさ》とともに、細川晴元の側近衆を構成する。彼らは少年晴元の意思決定に大きな影響を与える存在であった。三好一族は元長の下に収斂《しゅうれん》されていた訳ではなく、長尚流三好氏は独自に晴元を補佐し、登用されたのである。

三好元長と並んで、将軍義晴と晴元の和睦から排除された細川高国は、娘婿の北畠晴具や朝倉孝景《たかかげ》のもとに赴き支援を求めたが拒絶され、出雲《いずも》へ落ち延びた。そこで山陰を支配下に収めた尼子経久の援助を受けることができ、享禄二年（一五二九）九月には、備前にまで進出してきたのである。高国はさらに、播磨・備前・美作《みまさか》の守護赤松晴政《はるまさ》の宿老である浦上村宗《うらがみむらむね》とも結び、畿内に攻め入ろうとしていた。

享禄三年（一五三〇）五月、京都を支配する柳本賢治と松井宗信は、将軍義晴の上洛に向けて調整していたが、可竹軒周聡に反対され、怒って出家する。焦る賢治は、高国を討って和睦交渉を進展させようと播磨へ出陣したが、六月に山伏《やまぶし》に殺害されてしまう。これにより交渉は破綻《はたん》した。さらに、高国と村宗が八月に摂津に攻め込むと、将軍義晴や六角定頼も高国に呼応して、京都の奪還を企てるようになる。慌てた細川晴元は三好元長を頼り、その渡海を懇願するしかなかった。

まず、十二月までに元長は晴元と和睦した証として、嫡子の長慶を堺に渡海させ、享禄四年（一五三一）二月に自身も堺に着陣した。

高国はひるむことなく、三月六日に池田《いけだ》城（大阪府池田市）を落とし、後顧の憂いをなくすと、南下して堺を攻撃する。元長は十日にこれを撃破して、天王寺《てんのうじ》（大阪市天王寺区）周辺へと高国勢を押し戻した。二十五日に晴元の弟の細川氏之が阿波より堺に渡海し、木沢長政も河内より参陣すると、ようやく反撃に転じた。

そして、六月四日に天王寺で元長は高国を撃破し、浦上村宗など多くの国人を討ち取った。元長が大勝した原因は、村宗に父義村を殺された赤松晴政が、義維方に寝返ったことである。三好一秀《かずひで》が尼崎《あまがさき》（兵庫県尼崎市）で高国を捕らえ、六月八日に大物《だいもつ》（同前）で自害させたため、この戦いは「大物崩れ」とも呼ばれる。高国の敗死を聞いた将軍義晴は近江に逃げ込んだ。

播磨では、十月に浦上村宗の子が赤松晴政に対して蜂起したが、翌月には鎮圧されている。堺公方義維は自身で、晴政とその被官の小寺則職《こでらのりもと》に祝意を伝え、一層の忠節を求めた（「小寺文書」）。

高国を討つという最大の軍功を上げたのは、細川晴元やその側近ではなく、対立する三好元長や元長を庇護する細川氏之であった。成長した堺公方義維も、守護に対して独自の外交を行うようになった。氏之の妻と義維の妻はともに大内義興の娘という関係にある。そもそも阿波守護家と大内氏は、義維の養父義稙と密接な関係を築いてきた。高国の滅亡により軍事的な脅威が消滅した結果、義維・氏之・元長の勢力が増し、将軍義晴との和睦を求める晴元らとの対立は、一層激化することになったのである。

山城下五郡守護代と直臣たち

三好元長は大永七年（一五二七）十一月に上洛した。細川晴元や堺公方義維の命令を執行する他にも、大永八年正月に、西岡《にしのおか》（京都市西京区、京都府向日《むこう》市、同府長岡京市）の国人である竹内為信《たけうちためのぶ》に領地を安堵する際、三好之長の文書を由緒とし、自らの意思で行った。祖父の之長が細川政元や細川澄元の文書を根拠に安堵を行っていたのに比べると、三好氏の勢力は大きく伸長したといえる。

そうした元長が畿内において有した最大の権益は、同年七月に晴元より任じられた山城下五郡守護代職で、そこには京都も含まれていた。その結果、元長は、晴元の近習として公家や寺社などの取次を務め、京都の安全保障を期待される権力に成長していた柳本賢治と競合することになり、激しい対立を招くことになった。

賢治は京都近郊の土豪の庶流家や商人を被官に組み込み、「柳本」名字を与えることで、擬制的な同族組織を形成していた。そして、将軍義晴や晴元の命令により京都支配に当たっている。

それに対して、元長は阿波より連れてきた一族や直臣を郡代に配置した。乙訓郡代には三好家長《いえなが》、葛野郡代には市原胤吉《いちはらたねよし》、愛宕郡代と洛中支配には塩田胤光《しおたたねみつ》・胤貞《たねさだ》、紀伊郡代には森《もり》長秀《ながひで》、宇治郡代には逸見政盛《へんみまさもり》を任命する。

三好一秀と三好家長は、『系図纂要』の系図ではその官職名から、三好之長の弟たちであった可能性がある。『阿波国徴古雑抄』所収の「故城記」「古城諸将記」「城跡記」によると、市原氏は青木《あおき》城（徳島県吉野川市）、塩田氏は三谷《みたに》城（同県美馬市）、森氏は切畑《きりはた》城（同県阿波市）の城主と見える。逸見氏は文正《ぶんしょう》年間（一四六六～六七）に三好氏と一緒に見えるので、三好郡か美馬郡を拠点とすると思われる。之長時代の執事であった撫養《むや》氏も含めると、元長は吉野川流域の国人たちを集中的に直臣に編成していた。

三好長慶の渡海

三好元長の山城下五郡の支配を支えたのは、郡代たちだけではなく、元長の家族たちも重要な存在であった。享禄三年（一五三〇）十二月までに、嫡子の長慶は堺へ渡海している。元長の母も畿内にいたようだ（「菊大路文書」「後法成寺関白記」）。

享禄四年（一五三一）六月、細川高国の滅亡を受けて、公家の近衛尚通は領地の安堵を足利義維方に求める。細川氏之と元長は同意したが、晴元は拒絶した。八月に元長の母が京都の宝鏡寺《ほうきょうじ》やその塔頭《たっちゅう》（大寺院の子院）で尚通の娘が入寺する継孝院《けいこういん》に参詣すると、尚通の妻である徳大寺維子《とくだいじふさこ》や彼らの子の聖護院道増《しょうごいんどうぞう》もやってきているので、領地に関する交渉を行ったのであろう。

また、少年の長慶も重要な役割を果たしていた。十一月二十八日付で、「三好殿年寄中《としよりちゅう》」と呼ばれていた加地為利《かじためとし》・塩田一忠《かずただ》・三好家長が連署して、寒川千代市丸が「千熊丸《せんくまる》殿」に出頭しめでたい、上久世庄《かみくぜのしょう》（京都市南区）の公文職《くもんしき》は千代市丸のものであるので、早々に代官を入れて支配することが肝要だと、「筑前守」が命じたことを、千代市丸被官の山本貞《やまもとさだ》好《よし》・間嶋忠仁《まじまただひと》に伝える文書を発給した（「東寺百合文書《とうじひゃくごうもんじょ》」）。

かつて著者はこの文書を永正十六年（一五一九）のものと考え、千熊丸を元長に、筑前守を之長に比定していた。しかし、天文《てんぶん》四年（一五三五）に至っても、千代市丸は幼名を名乗っていることから、発給年は享禄四年（一五三一）であり、千熊丸は長慶に、筑前守は元長に比定される。すなわち、寒川千代市丸は長慶を頼って交渉し、元長より上久世庄公文職を安堵してもらったのである。長慶は元長と細川晴元の和睦の単なる人質ではなかった。

また、郡代である塩田一族や三好家長と連署している加地氏は、もともと伊予国宇摩《いよのくにうま》郡の郡代であったが没落し、三好氏の被官になると、淡路の倭文《しとおり》（兵庫県南あわじ市）周辺を基盤としていた。元長時代に初めて見え、三条町の代官職など、洛中にも権限を有する。三好殿年寄中は、元長の下で、阿波国人を代表する塩田一忠、他国出身者を代表する加地為利、三好一族を代表する三好家長によって構成される三好氏の合議機関であった。

3　堺公方と晴元の対立

木沢長政との対立

享禄四年（一五三一）六月、三好元長は細川高国を滅ぼすと、翌月には淀川《よどがわ》左岸に展開する河内八箇所《かわちはっかしょ》（大阪府大東市、門真市、大阪市鶴見区）代官職に補任《ぶにん》された。河内八箇所は足利将軍家が尊崇する北野社《きたのしゃ》に寄進した荘園《しょうえん》で、幕府の重要な財源であった。また、元長にとっては、祖父之長が永正四年（一五〇七）に代官職を請け負った由緒ある地であり、堺と山城下五郡を繋ぐ要所であった。

しかし、これが足利義維方の新たな対立の火種になっていく。河内北部は飯盛城《いいもり》（大阪府大東市、同府四條畷《しじょうなわて》市）を居城とした木沢長政の勢力圏だったのである。もともと長政は義就流畠山氏である義堯の被官であったが、細川高国に寝返った挙句、晴元の側近に収まっていた。そして、元長と対立した柳本賢治の路線を継承し、将軍義晴を擁しながら京都警固《けいご》を担うようになる。

とにもかくにも、義維方には、もともと長政をめぐって、晴元と義堯の対立があったが、新たに長政と元長という対立が加わったのである。晴元－長政方に対して、義維－氏之－元長－義堯方という派閥が形成されていった。

八月には、堺で晴元と氏之が争う事件があったが、公家の鷲尾隆康はその原因を長政と元長の対立と見ている。また、畠山義堯と三好家長が長政を攻めるなど衝突も起きており、晴元は長政を救うため、義堯を攻撃し敗走させた。摂津国人の生嶋宗竹《いくしまそうちく》は、晴元にとって義堯は姉婿であり、元長は譜代の被官で数々の忠節があるのに、それをないがしろにして、新参の長政をかばい続けたら、このままでは済まないだろうと評している（「細川両家記《ほそかわりょうけき》」）。

三好元長の死

足利義維方の内紛は悪化の一途をたどっていく。享禄五年（一五三二）正月、三好一秀が郡代らを動員し、遺恨を晴らすとして、下京で柳本賢治の息子の代理を務めていた甚次郎を殺害したのである。

これに怒った細川晴元は元長を討とうとしたが、氏之が仲裁に入り、元長とその被官八十余人を出家させることで収拾を図った（『二水記』）。ところが元長は反省せず、名を「開《かい》運《うん》」と改め、南禅寺真乗院《なんぜんじしんじょういん》や公家の吉田兼右《よしだかねみぎ》に、独自に領地を安堵したのである。

三月五日、晴元はついに元長を成敗する決意を固め、瓦林帯刀左衛門尉《かわらばやしたてわきざえもんのじょう》に対して軍勢催促を行った。十三日には、氏之がこれに怒って晴元と義絶し、阿波に下向してしまったため、合戦は避けられない状況となった。

五月、畠山義堯は再び三好家長と、木沢長政の飯盛城を攻めた。苦境に陥った長政は可竹軒周聡と相談して、晴元に救援を求める。さしたる軍勢を持たない晴元は、山科《やましな》（京都市山科区）の本願寺証如《しょうにょ》（顕如《けんにょ》の父）に一向一揆を依頼した。証如は、加賀《かが》の一向一揆以来、本願寺を擁護してくれた細川京兆家の頼みを断り切れず、六月五日に大坂へ下ると、摂津と河内の門徒に一揆を命じる。一揆はすぐに十万とも二十万ともいう軍勢に膨れ上がり、家長は討たれ、義堯も自害に追い込まれた。そして、一揆は三好元長のいる堺へ殺到する。

六月十九日、元長は細川氏之を頼んで、嫡子長慶を阿波に退去させた。二十日、元長は一揆と一戦交えるつもりであったが、頼りにしていた堺の町衆は一揆に通じていた。元長は開口《あぐち》神社に隣接する念仏寺《ねんぶつじ》で腹を切ろうとしたが拒否されたようで、法華宗日隆門流《ほっけしゅうにちりゅう》の顕本《けんぽん》寺《じ》に籠《こも》っている。このため、念仏寺は同年九月に晴元方の三好長尚から免税の特権を安堵されたのに対し、顕本寺は後に長慶ら三好四兄弟より、元長の位牌所《いはいじょ》として保護されるようになる。

やがて一揆が攻め込み、元長をはじめ三好一秀、塩田氏、加地氏など二十名余りが切腹して果てた。元長を見捨てず顕本寺にやってきた堺公方義維も切腹しようとしていたところ、晴元の兵によって刀を奪い取られ、四条道場引接寺に軟禁された。義維は七月十一日に、実《じつ》行坊日近《ぎょうぼうにちきん》が顕本寺において忠節比類なき働きをしたと、顕本寺の本山である本能寺《ほんのうじ》を誉めているので、元長を守ろうと奮戦した顕本寺や元長と義維の絆《きずな》をうかがい知ることができる。

三好元長は間違いなく、足利義維方で最大の軍事力を有していた。細川澄元の意を受け執行するだけだった祖父之長とは異なり、元長は自らの意思のみで公家や寺社に様々な権益を安堵し始めている。また、阿波北部の国人を編成し、山城で郡代として公的に支配させる一方で、年寄中《としよりちゅう》といった私的な家政機関も整備するなど、細川氏に頼らない権力基盤を整備していく。嫡子長慶をはじめ祖母や母などの家族も、元長を補佐していた。澄元に頼っていた之長と比べて、独自の権力化を遂げたといえよう。

その一方、一族で細川晴元の側近に取り立てられた三好宗三が機能していなかった。阿波で育った晴元は、父澄元と同じく京兆家の譜代の有力直臣を継承することができず、様々な人材、すなわち、細川一族の可竹軒周聡だけでなく、阿波出身の古津氏、摂津の茨木氏、高国方だった柳本賢治や義就流畠山氏の木沢長政、そして三好宗三を取り込まねばならなかった。彼らは晴元の信頼を基盤に、取次を務めることで権力化する。その結果、弟の阿波守護細川氏之や長政の旧主畠山義堯、宗三を従えるべき三好一族の棟梁《とうりょう》元長との対立は不可避となった。もちろん、晴元と義維の将軍義晴に対する姿勢の差異も大きかった。

元長は畿内に、四国衆は戦《いくさ》に強いという武名や、晴元に忠節を尽くしたがないがしろにされたと同情を残した。それは後の長慶の復権に大いに役立つ。また、その最期は長慶に、三好一族の統一という課題を残し、晴元は主君ではなく、父の仇であると、明確に位置づけることになったのである。

第三章　静謐《せいひつ》を担う
――三好長慶と足利義輝

1　阿波から摂津への移転

細川晴元への服属

阿波に退去した三好長慶は長弟の実休《じっきゅう》とともに、父元長の四十九日にあたる天文元年（一五三二）八月九日に、勝瑞の見性寺を元長の菩提所と定め寄進をした。

一方、畿内の事態は誰もが想定外の急展開を迎える。三好元長を滅ぼした一向一揆は、奈良でも蜂起するなど、本願寺証如ですら制御できなくなった結果、将軍義晴から上洛の障害とみなされ、全面戦争に発展したのである。将軍義晴は一揆による戦乱を理由に後奈良天皇に改元を申請し、七月末に年号は天文と改められた。一向一揆は、細川晴元や木沢長政をはじめ、京都の法華一揆やそれと結ぶ柳本氏の遺臣、および近江の六角定頼に挟撃され、八月

三好長慶画像　大徳寺聚光院所蔵

二十四日には本山の山科本願寺を焼き払われた。

そして、十月になって足利義維が淡路に出奔したことで、翌月には晴元と将軍義晴の和睦が成立したのである。

天文二年（一五三三）正月、晴元は法華一揆とともに、証如が新たな拠点とした大坂を攻めるが、翌月には逆に淡路へ追い落とされてしまった。さらに証如は細川高国の弟晴国《はるくに》と結び、晴元を追い詰めていく。窮地に立たされた晴元は事もあろうに、義絶して阿波に下向した弟の氏之や、自らが自害に追い込んだ元長の息子長慶に助けを求めた。四月、氏之と長慶らは淡路へ出陣し（「蓮成院《れんじょういん》記《き》録《ろく》」）、晴元を摂津の池田城に復帰させた。これは享禄四年（一五三一）に高国に追い詰められた晴元を、氏之と元長が救ったのと同じ構図である。少なくとも、氏之に晴元を討ち京兆家の家督になる野望はなかった。

六月に、晴元より大坂攻めを命じられた長慶は、法華一揆とともに中島《なかじま》（大阪市北部）へ侵攻する。この時は、長慶の仲介により証如との和睦が成立したが、大坂に籠城《ろうじょう》していた細川高国の残党が晴元方を襲っている（「兼右卿記《かねみぎきょうき》」「本福寺跡書《ほんぷくじあとがき》」）。この後も足利義晴と本願寺の戦いは続くが、父や多くの被官を失った長慶にとって、晴元や証如に恨みがあろうとなかろうと、晴元や氏之に仕えるしか生き延びる術《すべ》はなかった。ただ、勝手に和睦して兵力の温存を図るなど、晴元の走狗《そうく》に甘んじず、一定の自主性も垣間見《かいまみ》ることができる。

天文三年（一五三四）になると、六角定頼と木沢長政が交渉し、近江の将軍義晴や芥川《あくたがわ》城（大阪府高槻市）の細川晴元が上洛する準備を整えていった。義晴はこれまで日野家の娘を迎えてきた慣例を破り、摂関家《せっかんけ》である近衛尚通の娘と結婚することで、五年に及ぶ在国で低迷した将軍権威を回復しようとする。ただ、三好一族の連盛《つらもり》や長逸《ながやす》が和睦に反発し、本願寺に味方する騒動を起こしている。

そして、天文五年（一五三六）七月に六角定頼と延暦寺が京都の法華一揆を鎮圧し、八月には本願寺に見放された細川晴国も自害に追い込まれたことで、将軍義晴がようやく畿内を平定した。九月には晴元が長慶や長政、丹波の波多野秀忠《ひでただ》を率いて、幕府に出仕した。十一月に長慶は猿楽能を催して晴元を歓待しており、晴元配下の有力部将の地位を回復している。

越水城主

将軍義晴は、近江在国に従った側近の大館常興《おおだちじょうこう》・晴光《はるみつ》親子らや、近江の大名で幕政に意見する六角定頼、三条公頼《さんじょうきんより》の娘を定頼の猶子《ゆうし》（相続権のない名目上の養子）として妻に迎えた細川晴元によって支えられていた。村井祐樹氏によると、定頼こそが事実上の管領であり、晴元の地位や役割はかつての細川高国に及ばなかった。将軍義晴は高国と結んでいた山陰の尼子晴久《はるひさ》（経久の孫）や、南近畿を支配する畠山稙長も幕府に加えようとしており、晴元は同じ有力大名の一人に過ぎなくなっていた。

天文八年（一五三九）正月に長慶が二千五百の手勢を率いて上洛すると、晴元は尾張《おわり》の織田氏より献上された鷹を長慶に与え、長慶も返礼に猿楽能を催している。この頃まで、両者の関係は平穏であった。

ところが、六月二日に長慶が大館常興に、大荘園である河内十七箇所《じゅうしちかしょ》（大阪府寝屋川市、同府門真市、同府守口市など）の代官職を望むと、これが正当な訴えと認められたことから、騒動が始まった。醍醐寺《だいごじ》の厳助《ごんじょ》は、この騒動を長慶と宗三《そうさん》による一族間の確執と捉えている。そもそも河内十七箇所の代官職には、天文四年（一五三五）に大館晴光が補任されていた。それを晴元が押領したため、将軍義晴は伊予の河野通直《みちなお》と豊後の大友義鑑に晴元を討つよう命じるなど、両者の懸案事項になっていた。天文七年には三好宗三が代官として、現地に被官の吉田《よしだ》源介を派遣しており、晴元が支配下に置いている。長慶は大館常興・晴光親子と結んで、宗三を追い出し、河内十七箇所を自らのものにしようとしたのであろう。

長慶が挙兵すると、これを制止できなかった側近取次の高畠長直《ながなお》が出家して相国寺《しょうこくじ》に逃げ込み、兄の長信《ながのぶ》は十二月に殺害されている。晴元は和泉守護の細川元常や丹波の波多野秀忠を率いて、宗三を全面的に支援した。将軍義晴は摂津国人や柳本孫七郎、木沢長政を通じて長慶を制止する一方、若狭武田氏・越前朝倉氏・能登畠山氏に軍勢を催促している。結局、六角定頼の調停により、七月に和睦が成立し、長慶は京都を退去した。

長慶は将軍義晴の側近と結んで宗三の排除を狙《ねら》ったが、主家への謀反という構図に陥り、孤立無援となって失敗した。また、阿波の細川氏之が長慶を支援するとの噂が流れたが、氏之は尼子晴久に備えるため、三好実休とともに讃岐へ向かい、義晴に背く気がないことを伝えている。長慶は父元長のように氏之の支援を受けることさえできなかった。長慶は河内十七箇所代官職を得ることも、宗三を失脚させることも失敗したのである。さらに六月二十三日には、本願寺証如が長慶の母の死に弔意を示しており、長慶にとって痛恨の極みであった。

しかし、この時に越水城主の地位を公認されたことは、大きな前進であった。越水城は、かつて細川高国が摂津の下郡《しものこおり》（大阪府吹田市から神戸市須磨区に至る六甲《ろっこう》山地以南の平野部）を管轄する西宮《にしのみや》（兵庫県西宮市）を守るために、瓦林政頼《まさより》に築かせた公的城郭である。下郡郡代が代官を兼ねる西宮は、西宮神社の門前町として栄え、徴税業務に携わる橘屋《たちばなや》が居住していた。年貢米の加工も行われていたのか、既に酒が名産であった。また、港町であるだけでなく、西国街道が町中を貫き、越水城と接続するなど、海陸の交通の要衝である点は、当時は主要な街道から離れていた兵庫津や尼崎に優越する利点であった。

下郡には摂津最大の国人である池田氏や伊丹氏の居城もあり、彼らへの指揮権を有するようになったことも大きい。長慶は父元長に匹敵する、摂津下郡の守護代に就いたのである。

波多野秀忠との縁組

畿内に確たる基盤を得た三好長慶は、天文九年（一五四〇）十二月十五日に、八上城《やかみ》（兵庫県丹波篠山市）の波多野秀忠の娘と祝言を挙げた（「天文日記」）。天文十一年九月には、嫡子の三好義興《よしおき》が誕生し、本願寺証如より刀と馬代を贈られた（「音信御日記《いんしんおんにっき》」）。

波多野氏はもともと石見《いわみ》の吉見《よしみ》氏を出自とし、清秀《きよひで》が細川勝元に仕えて、母方の波多野姓を名乗ると、応仁の乱で軍功を上げ、細川政元より丹波国多紀郡の郡代に抜擢《ばってき》されている。京兆家の近習として取り立てられたことで、丹波波多野氏の歴史は始まった。清秀の子の元清は細川高国に重用され、その弟の元盛は山城下《しも》五郡守護代であった香西元長の跡を継ぐ。末弟の賢治は、本願寺教団の有力寺院である興正寺の寺侍岩崎《いわさき》氏の養子となった後に柳本氏を継いだ。元盛が高国に自害させられたことで、元清と賢治が細川晴元に味方することになり、賢治が三好元長と激しく対立したことは前述したとおりである。

元清の子の秀忠は船井《ふない》郡へ勢力を拡大し、天文三年（一五三四）には波多野秀親《ひでちか》にその郡代職を与えている。内藤氏が高国方の丹波における旗頭であったのに対して、波多野氏は晴元方の棟梁であった。

また、長慶と秀忠の縁組は、足利義維《よしつな》の政権が崩壊する原因となった三好元長と柳本賢治の対立を、その子供たちの世代で、根本的に解決しようとするものでもあった。

阿波衆から摂津衆へ

三好長慶は天文六年（一五三七）頃から、三好長尚・宗三親子とともに、本願寺をはじめ公家や寺社より贈答の対象となり、中核となる被官たちにも拡大した。それは、一族の三好連盛や加地肥前守《ひぜんのかみ》、塩田孫九郎、篠原孫太郎の母（三好氏出身）などであり、父元長の時代の家臣団構造を引き継いでいたことがわかる。

ところが、三好連盛と塩田左馬助は、長慶が越水城主になった直後に出奔している。一族で長慶を補佐していたのは、三好祐長《すけなが》のみで長逸の姿も見えない。

また、長慶は四人兄弟であったが、長弟の三好実休に阿波を任せ、自身が京兆家の晴元に、実休が阿波守護家の氏之に仕える体制を取った。塩田氏は長慶に、市原氏は実休にと、元長以来の家臣団は分割されることになる。次弟の安宅冬康《あたぎふゆやす》を淡路海賊の棟梁安宅氏に、三弟の十河一存《そごうかずまさ》を讃岐の高松《たかまつ》平野に居城を置き、庵治《あじ》（香川県高松市）の港を管理する十河氏に養子として送り込む際にも被官を分け与えたであろう。

こうした状況下で越水城主となった長慶は、新たな人材を積極的に求めていく。天文九年（一五四〇）二月、長慶は野間庄《のまのしょう》（兵庫県伊丹市）の土豪であった野間長久《ながひさ》に替地《かえち》を給与し、主従関係に組み込む。六月には、西宮神社で催される千句連歌の費用を賄《まかな》う田地を寄進という形で保護した。西宮神社の千句連歌には門前寺院のみならず商人や周辺の国人も参加しており、多様な階層を結びつける紐帯《ちゅうたい》であったため、長慶はその掌握に心をくだいていたが、長慶の命令を執行したのが、松永久秀であった。松永氏は摂津上郡《かみのこおり》（大阪府高槻市、茨木市など）の東五百住《ひがしよすみ》村（大阪府高槻市）の土豪である可能性が高く、久秀以前の活動は見えない。

天文十年代には、長慶に書状や贈物を披露し取り次ぐ側近として、淀川の川港である鳥飼《とりかい》（大阪府摂津市）の土豪の鳥養貞長《とりかいさだなが》が確認される。貞長は、尊円流《そんえんりゅう》の書家として有名で書札《しょさつ》礼《れい》（書状を出す際の礼法）に通じ、淀川の治水工事も行った鳥養宗慶《そうけい》の一族と考えられている。松永久秀とともに播磨の清水寺《きよみずでら》（兵庫県加東市）との交渉を担当したり、丹波に出陣したりした松山重治《まつやましげはる》は、大坂本願寺に仕えていたという。

このように、摂津を出自とする被官が長慶に取り立てられ、摂津支配の実務に当たるようになってきたのである。なかでも松永久秀は、初出時点から既に三好祐長と連署して兵庫津の豪商椎井《たるい》氏などに安堵を行うだけでなく、賀茂《かも》社領で起こった用水をめぐる相論《そうろん》（訴訟や紛争）について、晴元の寵臣《ちょうしん》である三好宗三および宗三の側近取次である波々伯部《ほうかべ》元継《もとつぐ》とともに文書を出しているので、相当高い地位に抜擢されていたことがわかる。

野間長久は、天文二十一年（一五五二）正月に三好勢の一端を担って京都の警固を行ったり、その翌年には川辺《かわべ》郡北部の郡代として徴税業務を担ったりした。長慶死後には池田氏の庶流と推測される池田教正《のりまさ》ら下郡の国人と越水衆を構成する。

こうした摂津衆同士で縁組も行われており、嶋中佳輝氏によると、松永久秀の姉妹が野間長久に嫁いでいる。その間に生まれた子供たちのうち、娘が池田教正の妻となり、嫡男の康《やす》久《ひさ》は長慶の後継者の三好義継（実父は十河一存）に仕えた。三男の左馬進《さまのしん》は久秀の養子となって、久秀の祖父の妹が嫁いだ入江《いりえ》氏の女性を妻としている。このように何重にも縁組が重ねられていき、久秀は新規に登用された被官の代表となった。

鳥養貞長は故実に通じた幕臣の伊勢貞助《さだすけ》とともに、長慶の文書発給に携わる。松山重治は軍事的な才能を発揮し、西岡《にしのおか》国人衆の指揮を命じられて将軍義輝との戦いだけでなく、大和への侵攻、教興寺《きょうこうじ》の戦いなどで大きな軍功を上げた。

松永久秀・野間長久・鳥養貞長・松山重治は、独自の領地や家臣団を持つ存在ではなかったが、長慶が家格にこだわらず、その才覚を認め登用した者たちで、彼らの権力基盤は長慶の信頼のみであった。すなわち、長慶は自らに絶対的な忠節を尽くす家臣団を作り上げようとしたのである。長慶は三好姓を与えたり、譜代被官の名跡を継がせたりすることなく、彼らに腕を振るわせたところに、他家にない特徴がある。天文十八年（一五四九）に長慶が晴元や宗三を破った江口《えぐち》（大阪市東淀川区）の戦いを契機に、摂津衆が公家や寺社から贈答の対象となり、阿波衆に代わって家臣団の中核として認められていく。

2　細川晴元への下剋上

木沢長政の滅亡

天文の一向一揆後の畿内で、最も勢力を伸ばしたのが木沢長政であった。長政は旧主畠山義堯の弟である義就《よしひろ》流の畠山在氏を擁して飯盛城に置いた。河内では、在氏と長政だけでなく、政長流の畠山晴満を守護代遊佐長教《ゆさながのり》が高屋《たかや》城（大坂府羽曳野市）に擁立する体制が成立する。そして、天文五年（一五三六）に築城した大和の信貴山《しぎさん》城（奈良県平群町《へぐりちょう》）を中心に勢力を広げ、河内では守護代、大和と山城上《かみ》三郡では守護並みの待遇を、将軍義晴より受けるに至った。

ところが、天文九年（一五四〇）に、高国流細川氏の残党を結集した典厩家の細川氏綱が、上洛を目論む山陰の尼子晴久と呼応し、紀伊の畠山稙長らとともに南近畿で挙兵すると雲行きが怪しくなる。翌年には、三好長慶とその妻の父波多野秀忠、三好宗三とその娘の婿池田信正《のぶまさ》らが、細川高国と姻戚《いんせき》関係にあった塩川国満を攻めたのである。国満の内縁の伊丹親興《ちかおき》は木沢長政を頼み、長政は親興の婿である弟の木沢左近《さこんのじょう》允を遣わして、長慶や宗三を打ち破った（「細川両家記」）。

晴元が旧高国方の摂津国人を掃討しようとしたのは、氏綱や晴久と呼応するのを警戒してのことであろう。また、越水城主として摂津下郡の国人に対する軍勢動員権を確立したい長慶と、旧高国方の伊丹氏や塩川氏らと姻戚関係を結び、編成しようとしていた長政の利害関係が衝突したのである。それはさらに、猪名川《いながわ》の下流に位置する伊丹氏と、上流に居城を置き、三好宗三と結ぶ池田氏の対立も激化させた。

木沢長政は将軍義晴の側近大館常興へ、宗三の成敗を訴え、上洛して義晴の擁立を図った。天文八年（一五三九）に三好長慶が挙兵したのと同じ構図である。幕府は前回で懲りたのか、細川氏の内輪揉《も》めとし不介入の方針を採った。長政は晴元を排除し、氏綱や晴久とともに幕府を再編しようと考え始めたのかもしれないが、将軍義晴は本願寺にも長政に与同しないよう命じた。晴元も長慶や秀忠を介して、長政が支配する大和の国人鷹山弘頼《たかやまひろより》を調略していく。

そして、天文十一年（一五四二）三月、幕府への復帰を目指す遊佐長教が紀伊より畠山稙長を迎え入れ、晴元と手を結んで長政討伐の兵を起こす。稙長は熊野衆《くまのしゅう》・根来寺《ねごろでら》・高野山《こうやさん》といった宗教勢力や、湯河《ゆかわ》氏といった奉公衆など、紀伊一国の勢力を統合していた。長政も若狭武田氏の援軍を得て出陣したが、太平寺《たいへいじ》（大阪府柏原市）で討死した。長政の弟左近允はその後、美濃の斎藤道三《さいとうどうさん》を頼った後、再び畿内に戻り、細川氏綱の被官となっている。

将軍義晴は木沢長政に代わり、遊佐長教をはじめ、河内国人の安見宗房《やすみむねふさ》、高野山三宝院快《さんぽういんかい》敏《びん》や紀伊国人の保田長宗《やすだながむね》、大和国人の筒井順昭《つついじゅんしょう》・鷹山弘頼、和泉国人の玉井三河守《たまいみかわのかみ》などを率いる畠山稙長を味方につけ、近畿全域を支配下に置くことになった。長政が有した山城上三郡守護代は、遊佐長教に属した安見宗房と鷹山弘頼に継承された。晴元もまた、天文十三年（一五四四）に和泉守護細川元常の子を猶子として、長政と対立した大和国人越智《おち》氏の家督を継がせるなど、大和支配を目論んでいる。

木沢長政は本願寺と結び、河内北部において寺内町《じないまち》の建設など協力し合ってきた。そして、守護家の枠に囚《とら》われず活動し、将軍と直結することで権力形成を図る。しかし、再燃した高国流と澄元流の対立の中で、高国流の摂津国人を取り込んだ長政は、代々澄元流に与《くみ》してきた池田氏を縁戚とした宗三や、下郡を支配する長慶との対立を激化させてしまった。また、義就流を擁する長政と政長流を擁する遊佐長教による河内の共同支配体制も、根本的な解決にはなっていなかったのである。

三好宗三の権勢

細川晴元が堺に渡海した頃の有力な側近衆は、天文二年（一五三三）に可竹軒周聡が討死し、天文十一年に木沢長政が滅亡すると、三好宗三ただ一人となった。

晴元の下では、信貴山城の木沢長政、越水城の三好長慶、八上城の波多野秀忠が、それぞれの地域支配に携わっていた。しかし、榎並《えなみ》城（大阪市城東区）の三好宗三にはそうした面は見られない。晴元は榎並城のある闕郡《かけのこおり》（旧淀川以南の大阪市）を南北に分割し、近江国人の山中《やまなか》氏二名を天王寺に置いて両郡代としている。宗三は地域権力化するよりも、晴元の側近であることに権力基盤を置き続けた。

天文十三年（一五四四）五月には、息子の宗渭《そうい》が結婚し、本願寺証如より祝儀が贈られている。また、宗三は娘を摂津最大の国人である池田信正に（「後鑑《のちのかがみ》所収古文書」）、親類の女性を木沢長政に嫁がせ（「法隆寺文書」）、両者と姻戚関係を形成した。

池田氏は集積した荘園の代官職を元手に高利貸を営むなど、その富裕ぶりは応仁の乱以前から有名であった。また、池田（大阪府池田市）は猪名川の渡し場として賑《にぎ》わうだけでなく、摂津の山間部で生産される炭の集積地となるなど、経済的な要所であった。

そうした池田氏は、天文八年（一五三九）に毛氈鞍覆《もうせんくらおおい》と白傘袋《しろかさぶくろ》の使用が許可され、将軍直臣、守護家相当の地位も獲得する。特に宗三の娘を妻にした信正の安堵は、その死後に先例となることからも、信正時代は宗三の権勢を背景に権力を確立していく重要な時期であった。宗三にとっても信正は、下郡を支配する三好長慶の管轄内に打ち込んだ楔《くさび》であった。

木沢長政が滅亡すると、長政が法隆寺《ほうりゅうじ》に預けていた兵粮米《ひょうろうまい》の相続が問題になる。遊佐長教や畠山稙長、さらに長政と三好氏の血を受け継ぐ木沢相政《すけまさ》が引き渡しを主張する中、宗三は自分の親類である長政の後家に相続させるべきだと主張し、彼らの意向を退ける。後述するが、信正が晴元に自害させられた際に、宗三派の被官が池田氏の財産を押領する事件を起こしている。長政や信正の死後に財産相続をめぐる騒動が起きていることから、宗三は両家の財産をかなり頼みとしていたのであろう。

ちなみに宗三は別の顔も持っていた。天文十八年（一五四九）二月、堺の茶人で豪商の武《たけ》野紹鷗《のじょうおう》や津田宗達《つだそうたつ》を招いて、足利義政が所蔵した松嶋《まつしま》の茶壺《ちゃつぼ》を披露する茶会を催している。他にも、松永久秀が織田信長に送ったことで知られる付藻《つくも》（九十九）茄子《なす》や北野肩衝《きたのかたつき》といった名器をはじめ、現在は国宝に指定される曜変天目《ようへんてんもく》、絵では玉澗《ぎょくかん》の枯木、牧谿《もっけい》の客来一味の持ち主であった。刀剣では左文字などを所持したという由緒があり、信長の手に帰したことでも知られる。

津田宗達は宗三を討った三好長慶の時代である永禄《えいろく》四年（一五六一）に宗三の十三回忌として茶会を催しており、単に宗三が権力者だから付き合っていた訳ではない。宗三は大名級の財力と、一流の「数奇《すき》」を兼ね備えた人物であったのだ。

長慶が細川晴元を打倒し、近畿と四国の支配者となったため、長慶の路線が三好氏の採るべき唯一の道であったようにみえる。しかし、三好元長や木沢長政が滅亡したように、主家と対立するのは、かなり危険な道でもあった。晴元との関係に自らの権力基盤を置いた宗三の路線は本来、最も現実的でしたたかな三好一族の採るべき選択肢でもあったのである。

遊佐長教の台頭

天文十二年（一五四三）七月、高国流細川氏の名跡《みょうせき》を継ぐ細川氏綱とその義兄で政長流畠山氏の畠山稙長が挙兵した。氏綱は弟の藤賢《ふじかた》や勝国《かつくに》だけでなく、上野玄蕃頭《うえのげんばのかみ》家の細川国慶といった一族をまとめ、稙長は遊佐長教や根来寺を率いていた。氏綱は槙尾山《まきのおさん》（大阪府和泉市）で挙兵し堺を攻撃するが、和泉守護代の松浦《まつら》守や三好長慶に阻止されると、本願寺に一向一揆を依頼した。しかし、稙長は戦線拡大を望んでいなかったのか、十月には氏綱への支援を取りやめたため、氏綱も撤退せざるを得なくなった。

天文十四年（一五四五）五月、細川国慶が井手城《いで》（京都府井手町）を攻略し、丹波の内藤国貞とともに京都を挟撃する構えを見せる。しかし、二月に畠山稙長が死去しており、意気は上がらなかったようだ。六角定頼の援軍を得た晴元は二万余の軍勢を山城南部に遣わしたが、そのうち、三好長慶は千五百、池田信正も千五百、三好宗三が三百の軍勢をそれぞれ率いたという（『言継卿記《ときつぐきょうき》』）。長慶は国慶を破ると、すぐに丹波に向かった。

死去した畠山稙長の遺産を引き継いだのが、遊佐長教であった。長教は「天文日記」によると、天文六年（一五三七）十一月に病床の妻を亡くし、天文十三年三月より河内守の官職名を名乗った。そして同年八月に、長教は稙長の妹と公家の日野内光との間に生まれた娘と再婚している。長慶と長教はほぼ同世代で、長教の方が少し年上といったところであろう。

そうした長教は、木沢長政の滅亡後に頭角を現してきた鷹山弘頼や安見宗房をはじめ、河内において富裕ぶりを称えられた萱振寺内町《かやふりじないまち》（大阪府八尾市）を基盤とする萱振賢継《かたつぐ》を家中に組み込んでいった。また、根来寺の有力子院である杉坊《すぎのぼう》に弟を送り込み、杉坊明算《みょうざん》と名乗らせる一方、娘ないし養女を大和の筒井順昭に嫁がせ、南近畿をまとめる勢力に成長した。

そして、天文十五年八月に再び氏綱とともに挙兵する。

晴元の命を受けた長慶は堺へ出陣したが、逆に氏綱・長教・順昭連合軍に包囲され退却した。九月には宗三の娘婿池田信正までもが氏綱に寝返り、細川国慶が京都を占領する。総崩れとなった晴元を救ったのは、十月に阿波より渡海した細川氏之と三好実休であった。

こうした中、将軍義晴は十一月に勝軍地蔵山城《しょうぐんじぞうさん》（京都市左京区）の築城を開始する。また、伊予の河野通直に、豊後の大友義鑑と相談して氏之と実休の背後を突き、阿波に退去させるよう命じた。翌月には、摂津の争乱を理由に、近江の坂本で管領の代わりに六角定頼を加冠役とし、嫡子の義輝を元服させると将軍職を譲与している。本来、加冠役を務めるべき晴元が排除されたのに対し、遊佐長教が義輝に費用を献上した。

長教は政長流の畠山政国を惣領名代としながらも、家督には就けなかった。畠山一族を義母とする長教は、自らが畠山氏を代表し、将軍義輝陣営に参画しようとしたのである。

足利義維の策謀

天文十六年（一五四七）二月、阿波の足利義維は上洛を企て、本願寺証如に支援を求めた。翌月には義維と結ぶ前関白《さきのかんぱく》九条稙通《たねみち》が堺に渡海している。その背景には、将軍義晴が近衛尚通の娘を妻に迎える一方、稙通は尚通の息子である近衛稙家《たねいえ》と関白職を争って敗れ、義晴に領地を没収された遺恨があった。また、本願寺証如は稙通の父九条尚経《ひさつね》と猶子関係を結んでおり、稙通を援助していた。稙通は領地奪還のため、天文八年に阿波に下り、義維より所有権を認めてもらうなど既知の間柄であった。天文十二年四月にも義維は証如へ合力を求めており、一向一揆が三好元長を殺害した因縁は既に解決されていたようだ。すなわち、義維はかつて自分を裏切った晴元が義晴・義輝親子に見限られたのを好機とし、晴元と一線を画す氏之や長慶・実休兄弟の旗頭となり、稙通を関白に押し立て、畿内への復権を夢見ていたのである。

ところが畿内では、晴元方が京都に攻め込み、義晴・義輝親子や義晴の義兄近衛稙家を勝軍地蔵山城に追い落とした。そのため、池田信正も義父の宗三を頼って降伏する。六角定頼も、七月に義晴に和睦を迫り、義晴は坂本に退去する。二十一日には、細川晴元・三好長慶・松浦守・畠山在氏が舎利寺《しゃりじ》（大阪市生野区）の戦いで、細川氏綱・遊佐長教に勝利したことで、晴元と義輝の交渉は進展し、二十九日に和睦が成立した。十月には、京都奪還を企てた細川国慶も討たれている。

十一月に「四国室町殿」と称せられた足利義維がようやく堺に渡海したが、既に時機を逸していた。義維は氏之の説得により、翌月に阿波へ退去する。氏之は義維を庇護してきたが、兄晴元との関係を優先したのである。

天文十七年（一五四八）四月、定頼が長教と奈良で参会して、晴元との和睦を仲介すると、河内で長教と対陣していた長慶は翌月に越水城へ帰り、氏之と実休も阿波へ帰国した。

遊佐長教が両畠山氏に代わり、南近畿を支配する一大勢力に急成長していく一方、細川晴元や三好宗三はそれに抗しきれないでいた。晴元を支えていたのは、三好四兄弟や氏之のみで、長慶は晴元が頼むに足りない主君であることを思い知らされていく。

江口の戦い

天文十七年（一五四八）四月、細川晴元・三好長慶方と細川氏綱・遊佐長教方の和睦は、多くの人々に平和が到来したと歓迎された。ところが、晴元はいきなり戦後処理に失敗する。五月に三好宗三の娘婿でありながら氏綱に味方した池田信正を自害させたのである。信正の子で宗三の孫でもある長正《ながまさ》が家督を継いだが、池田氏家臣団の晴元や宗三に対する反発は強く、八月に池田城から宗三派を追放した。

この騒動を好機として動いたのが長慶である。八月十二日に晴元の側近取次である垪和《はが》道祐《ゆう》ら五名に宛て、宗三・宗渭親子の誅罰《ちゅうばつ》を求める書状を送り（「後鑑所収古文書」）、写しを配って、その非道を世間にも訴えた。宗三は池田氏の財産を我が物とするために信正を自害に追い込んだ首謀者であるとし、宗渭は勝手に陣払いして友軍である長慶を殺そうと企てたと激しく非難した。そして、宗三・宗渭親子を成敗すれば世の中は平和になるが、六角定頼からも意見を聞きたいと述べ、摂津と丹波の有力国人も同意していると圧力をかけた。

長慶は天文八年（一五三九）の挙兵や木沢長政の乱と同様に、晴元が宗三に味方することを見越した上で、主家に対する謀反という誹《そし》りを免れるため、宗三を君側《くんそく》の奸《かん》として喧伝し挙兵した。さらに、三好一族間の確執ではなく、晴元や宗三の横暴から、国人の財産を守るという姿勢を前面に打ち出したのである。

晴元は長慶の訴えを黙殺し、逆に細川高国旧臣で旧越水城主の瓦林春信《はるのぶ》を取り立て、宗三・宗渭親子らが籠る榎並城に加勢させることで、長慶と対決する態度を明確にした。

これに激怒した長慶は、歴代三好氏の方針であった澄元流細川氏の擁立を放棄する決断を下す。波多野秀忠が七月か八月に死去すると、その娘を離縁した。そして、高国流細川氏の氏綱を擁する遊佐長教と相談して、長教の養女を妻に迎える契約を結び、十二月には長教へ、今後は互いに隔心なく親子のような間柄となって一緒に戦いたいと神仏に誓う文書を送っている（「大和《やまと》文華館《ぶんかかん》所蔵双柏文庫《そうはくぶんこ》」）。

長慶は自らを国人の利益の代表者と位置づけるだけでなく、主家への謀反の汚名を回避するため、氏綱を京兆家家督に推戴することで、畿内と丹波、播磨、阿波、讃岐、淡路といった広範な地域の領主層の支持を得ることに成功したのである。

天文十八年（一五四九）二月には、長慶と長教が堺で会談し、五月に長教の養女が長慶に嫁ぎ（「天文日記」）、同盟は強化された。この同盟が長慶の軍事行動の基軸となっていく。

これに対して、六角定頼は娘婿である晴元の支援に乗り出し、正月には和泉の岸和田《きしわだ》兵衛大夫へ、和泉上守護細川元常や根来寺が晴元に味方したことを伝えている。四月になると、大和国人で山城上三郡の守護代である鷹山弘頼に対して、遊佐長教や筒井順昭へ意見するよう求めた。すると、順昭は突如隠居を表明し、延暦寺へ出奔する騒動を起こしており、定頼は長教陣営の切り崩しを図っていたようだ。

こうした急展開についていけず、本来、高国流細川氏を支援してきた伊丹氏や塩川氏が、晴元に味方する逆転現象も生じている。

晴元は京都に陣取る定頼の援軍が到着するまで時間を稼ぎ、榎並城への補給線を維持するため、淀川沿いに展開した。晴元自身が三宅《みやけ》城（大阪府茨木市）に入り、宗三が淀川の渡し場があった江口に陣取っている。長慶と長教は定頼が到着する前に勝負を決すべく、淡路海賊を率いる安宅冬康や十河一存に、三宅と江口の通路を遮断《しゃだん》させ、六月二十四日に江口へ攻めかかった。そして、宗三をはじめ、波々伯部《ほうかべ》元家・高畠長直・平井《ひらい》直信《なおのぶ》といった側近取次を討ち取る大勝利を収めたのである。

これを見た定頼は、将軍義輝や近衛一族、晴元とともに坂本に退去した。これを追うように して、七月に長慶と氏綱が上洛すると税を徴収して、京都の支配者になったことを示す。氏綱は翌年にかけて、被官の芥川清正《きよまさ》や今村慶満《いまむらよしみつ》、多羅尾綱知《たらおつなとも》らに命じて、山城に課税していった。

江口の戦いの結果、成立したのは、澄元流細川氏の摂津守護代三好長慶と和泉守護代松浦守、高国流細川氏の丹波守護代内藤国貞、政長流畠山氏の河内守護代遊佐長教という四人の有力守護代が、細川氏綱を推戴する体制であった。ただ、長慶が阿波の三好実休や淡路の安宅冬康、讃岐の十河一存といった弟たちを従え、長教も根来寺杉坊明算や筒井氏を率いており、両者の実力が抜きんでていた。

また、この後も晴元は、将軍義輝や義父六角定頼とともに、三好宗渭や波多野元秀《もとひで》、香西元盛の子の元成《もとなり》らを率いて粘り強く抵抗していくことになる。

三好長慶暗殺計画

天文十九年（一五五〇）二月、京都奪還を目論む前将軍義晴は、中尾城《なかお》（京都市左京区）を築いた。義晴は三好勢の鉄炮《てっぽう》を防ぐため、二重に壁を造り、その間に石を入れたという（『万松院殿穴太記《ばんしょういんどのあのうき》』）。義晴は五月に穴太《あのう》（滋賀県大津市）で病死したが、義輝や晴元、六角定頼は京都に突入し、七月に十河一存や三好長逸・生長《ながなが》親子と戦い、生長の与力《よりき》（有力部将を寄親《よりおや》とし、それに付属した下級武士。寄子《よりこ》）を鉄炮で討ち取っているので（『言継卿記』）、双方が鉄炮を常備していたことがわかる。十一月になると、長慶が松永久秀の弟長頼《ながより》（後の内藤宗勝《そうしょう》）に坂本を攻撃させたので、挟撃を恐れた義輝は中尾城を焼いて、堅田《かただ》（滋賀県大津市）へ退去した。

その結果、天文二十年（一五五一）正月に、政所《まんどころ》執事の伊勢貞孝《さだたか》をはじめ、数名の幕臣が義輝を見限って長慶に降《くだ》った。京都の訴訟を取り扱う貞孝をはじめ、京都に経済基盤を有する幕臣たちにとって、在京できない義輝に従うことはできなかったのである。二月には近江北部の京極高広《たかひろ》まで長慶に与して、六角定頼を牽制したので、義輝は窮地に陥った。

こうした状況を一気に打開するため、義輝は二度にわたって、長慶の暗殺を企てている。三月七日夜、長慶が吉祥院《きっしょういん》（京都市南区）の陣に伊勢貞孝を招いて酒宴を催していた際、放火未遂事件が起こった。すぐに放火を企てた者たちは捕縛されたので大事には至らず、実行犯は自害させられた。ところが、十四日には、伊勢邸に招待された長慶が、幕臣の進士《しんじ》賢光《かたみつ》に斬りつけられ負傷したのである（「言継卿記」「厳助往年記」）。長慶はすぐに大山崎へ退去し、賢光はその場で自害した。翌朝には晴元方の三好宗渭と香西元成が東山一帯を放火しているので、賢光の襲撃と連携していたことがわかる。

義輝の長慶暗殺計画は失敗に終わったが、五月五日には長慶の妻の養父である遊佐長教が暗殺される事件が起こった。犯人は長教が帰依していた時宗《じしゅう》の僧侶で敵に買収された珠阿《じゅあ》弥《み》という（「長享年後畿内兵乱記《ちょうきょうねんごきないへいらんき》」）。長教の死は百日間も秘匿された（「天文日記」）。長教は長慶が天文十七年（一五四八）に挙兵した時からの同盟者であり、頼れる兄貴分であった。翌月十日に長慶が興行した「天文三好千句」は、長教への哀悼の意を捧《ささ》げたものであろう。
七月に、三好宗渭や香西元成、柳本氏、十河盛重《もりしげ》、岸和田兵衛大夫らの軍勢三千が洛北に攻め込むが、長慶は松永久秀・長頼兄弟に四万の兵を与え、これを散々に打ち破らせた。

将軍家・管領家の統一

三好長慶が遊佐長教を失った一方、将軍義輝を支えてきた六角定頼が、天文二十一年（一五五二）正月に死去した。家督を継いだ六角義賢《よしかた》は主戦派の父定頼とは異なり、長慶と義輝の調停を行い、月末には和睦を成立させた。長谷川博史氏によると、この和睦の背景には、前年九月に細川晴元と結ぶ大内義隆が被官の陶晴賢《すえはるかた》に討たれ、晴元の影響力が低下したことも一因だという。近江の朽木を出た義輝は、松永久秀と三好長逸に迎えられ上洛した。

この和睦は、畿内の戦争の大きな転換点となった。一つ目は、長慶が、父元長とともに自害しようとしたほど親三好氏の姿勢を示し、天文十六年（一五四七）には畿内に渡海するほど意欲的な足利義維ではなく、義輝を選んだことである。長慶は私情に流されず、全国の大名に将軍として認められていた義輝と、ほとんどの大名は将軍格と認めなかった義維を冷静に比較したのであろう。義澄流と義稙《よしたね》流の分裂状況は、ほぼ決着がついた。

二つ目は、細川氏綱が細川京兆家の家督として正式に認められ、右京大夫に叙せられたことである。和睦に反対する晴元は出家して、若狭へ没落した。また、晴元の長男昭元は長慶に養育され、氏綱の次の家督となる。これにより、高国流と澄元流の家督争いは終結し、細川京兆家は統一された。

三つ目は、長慶が陪臣《ばいしん》（家臣の家臣）には授与されないはずの御供衆《おともしゅう》に任じられたことである。すなわち、長慶は細川氏の被官ではなく、将軍の直臣として、細川氏綱と昭元を後見する立場となった。四月には後奈良天皇より直筆の古今和歌集《こきんわかしゅう》を賜った御礼に、参内して銭一万疋《びき》を献ずるなど、その実力は天皇も認めるところとなった。

四つ目は、河内勢力である。遊佐長教が擁した政長流の畠山政国は、長慶や長教が将軍義輝を京都から追放したことに反発して紀伊に出奔し、長教自身も暗殺されるという混乱の中、長慶は遊佐家中の調停を行っていたが、その内紛は収まることがなかった。それにもかかわらず、長慶は舎利寺の戦い（六二頁参照）で同盟していた義就流の畠山在氏に乗り換えるのではなく、九月に政長流畠山氏の家督を継いだ高政との同盟を堅持し、高政もそれに応え援軍を派遣する。政長流と義就流の対立も止揚され、政長流に統一された。

こうして十六世紀の室町殿御分国の戦争を規定してきた将軍家と両管領家の分裂という状況は、ようやく終わりを告げたのである。

惑う池田長正と芥川孫十郎

三好長慶が細川氏綱と連携し、足利義輝と和睦したことに、細川晴元陣営の国人たちは戸惑い、あくまでも晴元に与するのか、長慶に養育される細川昭元に従うのか、決断を迫られることになった。飯尾為清《ためきよ》ら一部の奉行人らは、昭元に付き従った。それに対して、丹波の波多野元秀は晴元方として戦う道を選ぶ。天文二十一年（一五五二）四月、長慶は元秀の八上城を囲んだが、三好一族の池田長正と芥川孫十郎が、長慶から離反したのである。

そもそも、池田長正は晴元によって父信正が自害に追い込まれ、母方の祖父の三好宗三に財産を奪われかけたところを、長慶に救ってもらったはずである。この一見恩知らずな行動の背景には、歴代池田氏が澄元を支持してきたという経緯があった。また、長正の伯父三好宗渭は晴元の主力である。芥川孫十郎は、長慶の曽祖父《そうそふ》之長の三男芥川長則の子で、馬部隆弘氏によると、摂津国島上《しまがみ》郡の芥川氏ではなく、阿波国勝浦《かつうら》郡の芥川氏を継いでいた。

長正も孫十郎も、長慶からは血縁的に遠かった。また、半世紀にわたって澄元流を支持してきた三好一族にとっては、長慶の決断の方が異例で、一時的に高国流の細川氏綱を担ぐことはあっても、最終的には澄元流の晴元の下に復帰すべきと考えられていたのである。彼らにとっては長慶の方が裏切り者に見えた。それゆえ、長慶も昭元を養育することにしたのであるが、まだ受け入れられていなかった。

このように摂津で反乱が起きている最中に、長慶の被官と安宅冬康の被官が三好宗三の遺領である榎並をめぐって衝突する事件まで起こった。また、十河一存も養子に入った讃岐国人十河氏が、安富氏や香川氏と同様に細川京兆家の内衆であったことから、細川氏綱に直属し独自に勢力を拡張しようとする動きも示している。

この時期、長慶は三好一族を統率できていなかった。その後、安宅冬康や十河一存、池田長正や芥川孫十郎が、長慶権力の中枢に登用されることはなく、長慶の代わりに軍勢を指揮した松永久秀と三好長逸が二大宿老として政務全般を管掌する体制を確立させていく。

十二月には、細川氏綱が淀城に入城し、長慶の息子義興が元服したので、本願寺証如はそれぞれに祝儀を贈っている。摂津の内乱を平定し、新たな支配体制が構築されつつあった。

3　足利将軍家を擁立しない政権へ

足利義輝の没落

天文二十二年（一五五三）閏正月一日、三好長慶・義興親子は将軍義輝へ御礼のため参上し、和睦を遵守する姿勢を示した。ところが、再び暗殺の噂が広まったので、長慶は慌てて淀城に逃れ、事態は緊迫化した。やがて丹波では細川晴元との衝突も起こった。そこで、二月二十六日に清水寺《きよみずでら》（京都市東山区）で長慶は義輝と会談し、義輝の側近で和睦反対派の上《うえ》野信孝《ののぶたか》らから人質を徴集した。この時、和睦維持派の政所執事伊勢貞孝や侍所開闔《さむらいどころかいこう》（実務責任者）松田盛秀《まつだもりひで》らは、義輝が寵愛する上野信孝らにより、殿中があまりにも乱れていると激しく非難している。長慶も貞孝や細川氏綱の弟藤賢と連署して信孝らを批判し、「公儀《こうぎ》御為《おんため》」に義輝に諫言《かんげん》しようと賛同者を募ったところ、足利義晴の側近であった大館晴光や朽木稙綱《たねつな》などが応じている（「大阪歴史博物館所蔵文書」）。長慶は和睦の維持と幕府の再建を目指しており、多くの幕臣の支持を得ていた。

しかし、義輝はこれを断固拒否し、三月には洛中を退いて霊山《りょうぜん》城（京都市東山区）に籠城すると、晴元と手を結んだ。これにより、長慶と義輝・晴元の関係は、一触即発となった。長慶は同月に義輝や晴元、氏綱と同じ従四位下《じゅしいのげ》に昇っており、朝廷は京都の平和維持において、長慶を頼りにするようになっていく。こうした情勢は四国にも波及し、六月に三好実休と十河一存が細川氏之を殺害する。氏之は兄晴元に呼応しようとしたのであろう。

七月には芥川孫十郎が再び離反した。同月末には、晴元方の三好宗渭らが上野信孝らに迎えられたことで、晴元は義輝より正式に赦免され、義輝自身の指揮で西院《さいいん》城（京都市右京区）を攻めている。ここに和睦は破綻した。

八月一日、長慶が畠山高政の援軍を得て二万五千の大軍を率いて上洛すると、義輝は霊山城から敗走する。山科言継は義輝らについて情けないと嘆き、上野信孝を戦犯として非難した。八月五日に長慶は、龍華《りゅうげ》（滋賀県大津市）に逃れた義輝に従う者について、武家公家にかかわらず、領地を没収すると強硬姿勢を示したため、義輝の従者は四十人余りに減ってしまった。このため、義輝はさらに朽木への没落を余儀なくされた。側近を偏愛した義輝によって、幕府は機能不全に陥り、自壊したのである。

摂津でも八月末には、芥川孫十郎が三好実休を頼って阿波に没落すると、長慶・義興親子が芥川城に入った。これを機に、摂津下郡の支配拠点であった越水城から、管領細川高国が築き、細川晴元が在国の拠点とした芥川城に居城を移している。首都京都も支配するようになった長慶の地位を示すのにふさわしい城の格を求めてであろう。長慶に在京志向はなく、京都に屋敷を設けることもなかった。京都の公家や寺社は長慶に安堵を求め、長慶や松永久秀、石成友通《いわなりともみち》といった被官が山上に居住する芥川城に登城することになる。

長慶の構想

三好長慶は敗走する将軍義輝を追撃して討ち取ろうとはしなかった。これについて、かつては長慶の優柔不断さや保守性を指摘する声が多かった。その一方で、義輝を討ち果たした三好義継を軽挙妄動とするなど評価の基準が一貫しない。また、将軍義昭を追放するに止《とど》めた織田信長を、伝統的権威に囚われていると批判しないので、あまりあてにならない。

それでは、長慶は義輝の追放後について、どのような構想を持っていたのであろうか。天文二十二年（一五五三）十月末、長慶は足利義維に阿波からの上洛を促した。後述するが、九月に討死した内藤国貞の跡目を松永長頼と定める際に、細川昭元奉行人の茨木長隆が文書を発給しているので、父元長の時代への回帰が念頭にあったようだ。しかし、三好実休らが細川氏之を殺害したばかりで、義維は長慶の意図を読めなかったのであろう、これに応じなかった。天文二十三年十月に三好四兄弟が洲本《すもと》（兵庫県洲本市）に集まって行った会議は、直後に行われた播磨侵攻についてではなく、馬部隆弘氏は義維上洛の可否が議論されたとする。

天文二十四年（十月に弘治《こうじ》と改元、一五五五）後半、三好氏・六角氏・畠山氏の間で外交戦が繰り広げられる。七月末、松永久秀は六角義賢の宿老永原重興《ながはらしげおき》に対して、長慶の意向を次のように述べている。義輝は何度も細川晴元を許容しないと自筆の誓約書を長慶に与えたが、それを破ったので天罰が下り、朽木に没落した。京都の平和維持は長慶が担うと義賢に伝えてほしい。久秀は天道《てんどう》思想に基づき、長慶が義輝に謀反したのではなく、天の道理に背いた不誠実な義輝に天罰が下ったのだとし、天命を受けた長慶が首都の平和を守るとその正当性を主張した。

これに対して、八月、政長流の畠山高政の宿老安見宗房は永原重興に、長慶が義就流畠山氏に親和的な足利義維を擁立しようとする動きを警戒している（「根岸家旧蔵冑山文書《かぶとやまもんじょ》」）。長慶が義維を新たな将軍にしようとしているのか、いずれ義輝と和睦しようとしているのか見定められないでいた。

十一月になって、長慶は重興へ、義維を擁立しないと回答している。その結果、高政は長慶との同盟を維持し、義賢も長慶と表立って対立することを避けた。

ただ、長慶は破約を繰り返す義輝を信用せず、義輝の弟の鹿苑院周暠《ろくおんいんしゅうこう》や足利義昭も擁立しようとしなかった。つまり、足利将軍家の誰も擁立せずに、自らの力だけで首都京都の支配に乗り出す。これは戦国時代でも初めてのことであった。初めての「天下人《てんかびと》」、すなわち、単なる京都や畿内の支配者、また日本全国を統一した人ではなく、室町幕府に拠《よ》らない中央政権の主催者が誕生したのである。

一方の義輝は諸大名を糾合できず、天文二十二年（一五五三）八月に伊勢神宮に入洛を祈願したり、弘治三年（一五五七）七月に陰陽道《おんみょうどう》の主神である泰山府君《たいざんふくん》に怨敵《おんてき》（長慶）退治の祭文《さいもん》を捧げたりすることしかできなかった。

逆に、長慶は畠山高政だけでなく、尼子晴久優遇策によって守護職を没収され義輝を恨んでいた赤松晴政との同盟も維持し、足利将軍家を擁立しない京都支配を常態化させていった。

戦国時代は将軍の権威が失われたとか、将軍擁立のような旧態依然とした体制にこだわるのは保守的な畿内だけだったと誤解されることが多い。しかし、それは間違いである。遣明船貿易に正式に参入したい西国の大内義興は、足利義稙を将軍（日本国王）に復位させるという大義名分を掲げて上洛を果たした。東国でも新興勢力の北条氏綱《うじつな》・氏康《うじやす》親子が足利晴《はる》氏《うじ》・義氏《よしうじ》親子を関東の将軍である古河公方《こがくぼう》家の家督に就けている。関東管領上杉謙信《けんしん》は義氏の異母兄の藤氏《ふじうじ》を、里見《さとみ》義堯《よしたか》・武田信玄・佐竹《さたけ》義重《よししげ》は義氏の異母弟の藤政《ふじまさ》を擁立し、婚姻を繰り返し古河公方家と一体化していく北条氏に対抗した。織田信長も足利義昭を推戴して上洛を果たし、その義昭を追放する際には息子の義尋《ぎじん》を次期将軍に擁立している。都落ちした義昭は信長と対立を深めた毛利輝元《てるもと》（元就の孫）に迎えられ、本能寺の変後には羽柴秀吉・徳川家康・柴田《しばた》勝家《かついえ》らが義昭の上洛を承認している。

当時の大名が多くの領主を動員して戦争をする際には、足利氏を頂点とする身分秩序を利用することが全国的に常識であった。むしろ、畿内では天文初年に足利氏を擁立しない戦争が、細川氏綱によって試みられている。そうした畿内の戦争を勝ち抜いて、京都を支配するに至った長慶は、非常に画期的な存在であった。

義輝への対抗

京都の西南に位置する石清水八幡宮寺《いわしみずはちまんぐうじ》は、平安京の王城鎮護を担い、伊勢神宮に次ぐ宗《そう》廟《びょう》と称えられていた。また、清和《せいわ》源氏が八幡大菩薩《はちまんだいぼさつ》を祖先神としたことから、足利将軍家の祈禱所《きとうじょ》となるなど、幕府にとって最も重要な寺社の一つである。

その神官である田中《たなか》家で家督争いが勃発した。訴えを受けた足利義輝は田中（西竹《にしたけ》）教清《きょうせい》が筥崎宮《はこざきぐう》（福岡市東区）にいることを怠慢とみなし、家督を東竹甲清《ひがしたけこうせい》に変更するよう、天文二十四年（十月に弘治と改元、一五五五）六月に命じた。ところが、翌年五月、三好長慶がこれに介入する。家督を奪われた教清は上洛し、筑前に逗留《とうりゅう》していたのは、後奈良天皇の命令で筥崎宮の遷宮《せんぐう》に当たるためと松永久秀に説明した。その結果、十二月には甲清から教清に家督を返還することで和談した。すなわち、長慶は義輝の命令を覆《くつがえ》したのである。

遠国《おんごく》でも同様のことが起こった。それは出雲で催される千部法華経読誦《せんぶほけきょうどくじゅ》における座次《ざじ》相論である。天文十四年（一五四五）、尼子晴久が富田《とだ》城（島根県安来市）で千部法華経読誦を催した際、地元の安来《やすぎ》の清水寺《きよみずでら》が後奈良天皇の命令を根拠に、それまでの鰐淵寺《がくえんじ》に代わって上席に座ろうとしたため、相論が起こった。この争いが天文二十四年（弘治元年）に再燃したのである。背景には、晴久が膝下《しっか》の清水寺を取り立て、出雲国一宮《いちのみや》の杵築大社《きづきのおおやしろ》（現在の出雲大社）の本寺である鰐淵寺に対する統制を強めようとする宗教政策があった。

両寺は延暦寺を通じて天皇に訴えるなど、事態は晴久の思惑を超えて動き始め、鰐淵寺は将軍義輝に働きかけており、決着はつかなかった。そこで、鰐淵寺は三好長慶を頼り、安来清水寺は尼子晴久と同族（同じ佐々木氏の一門）の六角義賢と結ぶ。長慶は安来清水寺に肩入れする後奈良天皇の命令は不公平であると非難した。弘治二年（一五五六）十一月、後奈良天皇は長慶の意見通りに判決を下したことで、鰐淵寺の勝訴が確定した。

長慶は、将軍や天皇が解決できなかった相論を決着させることで、将軍に代わる存在感を示したのである。

朝廷の変化

京都を単独で支配する三好長慶の影響力は、朝廷にも浸透し始める。五摂家《ごせっけ》筆頭の近衛稙家は甥の将軍義輝とともに朽木に退去したが、その子前久《さきひさ》は在京し、義輝との関係を断つ姿勢を示すも疑惑は晴れず、関白でありながら西国退去を考えるまで追い詰められた。

ここまで近衛家を追い込んだのは、天文二十年（一五五一）より断続的に在京した前関白九条稙通や甥の二条晴良《にじょうはるよし》であろう。稙通は足利義維だけでなく、三好氏への接近を図り、江口の戦いの頃には十河一存に養女を嫁がせていた。これは、稙通に実子がいなかったためである。しかし、稙通の関白復帰はならず、弘治元年（一五五五）末に出家して、永禄元年

（一五五八）頃より堺に住むようになった。ただ、永禄二年正月に、後継者として迎えていた二条晴良の子の九条兼孝《かねたか》が参賀するにあたって、稙通は晴良に長慶に任せてあるから安心するよう伝えるなど、三好派公家として活動していたことは間違いない。

弘治二年（一五五六）八月には、後奈良天皇も禁裏《きんり》（皇居）の修理を長慶と久秀に命じるなど、三好氏との関係を構築しようとした。

そもそも後奈良天皇は、従三位《じゅさんみ》の足利義晴に対して、大内義隆を天文十七年（一五四八）に従二位に進めるなど、将軍を相対化しつつあった。天文二十二年三月に長慶は義輝に並ぶ従四位下に叙せられる。義隆は遠国であったため、将軍を超える昇進が可能であったが、さすがに京都周辺では将軍を超える昇進はできず、六角定頼や細川晴元、細川氏綱も従四位下に留まらざるを得なかった。在京できず朝廷に勤仕《ごんし》できない義輝は、歴代の足利将軍でただ一人、三位になることができなかった。歴代将軍のように公家様の花押《かおう》も使用していない。つまり、朝廷は将軍義輝を公卿《くぎょう》（大臣、大《だい》・中納言《ちゅうなごん》、参議《さんぎ》らと三位以上）として認めず、将軍として失格の烙印《らくいん》を押していたのである。

実際、義晴は在国のままでも享禄改元や天文改元にあたって費用を天皇に献上したが、義輝は改元に無頓着《むとんちゃく》で、天文は異例の二十四年も続いた挙句、弘治改元の費用を献上しなかったのである。

細川氏綱の後退

天文二十二年（一五五三）二月から三月にかけて、細川氏綱は摂津に課税した。馬部隆弘氏によると、長慶がその前年に氏綱と同じ将軍直臣となったため、氏綱と長慶による共同統治に移行したという。同年十一月に京都周辺で税が賦課された折には、氏綱と長慶の被官の連署状が発給されていることから、両者の家格差が大幅に縮まったとする。

氏綱を推戴した守護代家のうち、遊佐長教が二年前に死去し、内藤国貞も九月に討死したことで、長慶に並ぶ者はいなくなっていた。さらに長慶が八月に義輝を追放したことで、畿内近国（およそ若狭・美濃・三河以西、因幡・美作・備前・淡路以東の地域）において、長慶の軍事力が突出する状況が確定したのが大きかった。

六月に今里《いまざと》村（京都府長岡京市）と上植野《かみうえの》村（同府向日市）の間で用水相論が起こったが、近隣の国人や細川昭元被官の茨木長吉《ながよし》の仲裁により落着した。天文二十三年（一五五四）五月に相論が再発すると、長慶は前年の仲裁案に従い処理するよう、細川氏綱被官の多羅尾綱知に命じたが、両村はこれを拒否し、長慶自身の裁判を求めた。そのため、長慶は直臣に実況検分を命じ、芥川城で判決を下している。両村は昭元や氏綱の曖昧《あいまい》な仲裁による相論の繰り返しではなく、実効性のある長慶の判決によって相論の根絶を求めていたのである。

この裁判を協議した評定衆は、細川昭元被官の飯尾為清と茨木長隆、足利義維の奉行人であった斎藤基速《もとはや》、そして長慶の被官の三好長逸と塩田左馬頭の五名で、氏綱被官の姿はなかった。また、長慶は多くの訴訟を処理したが、為清や長隆は関与しておらず、阿波衆もほとんどいない。長慶権力の中枢は一族の三好長逸と、外様《とざま》で摂津衆を代表する松永久秀、彼らを補佐する斎藤基速によって担われていく。

河内への対応

天文二十年（一五五一）、遊佐長教が暗殺され、その家中は、私部《きさべ》（大阪府交野市）を根拠とする国人で、遊佐太藤を推戴する安見宗房と、萱振寺内町を基盤とし、長教の弟である根来寺杉坊明算を擁立する萱振賢継に分裂した。長慶は長教の婿として仲裁に入り、宗房の息子である野尻宗泰《のじりむねやす》と賢継の娘を結婚させることで和解させる。ところが翌年二月に宗房は賢継を暗殺するという強硬手段に出た。長慶はこれ以上の混乱を回避すべく、杉坊明算を討って、同年に家督に就いた政長流の守護畠山高政と守護代遊佐太藤、安見宗房を中心とした体制に統一を図る。

細川氏綱も河内の混乱を看過できず、独自の動きを示す。奉行人の松田守興《もりおき》が与力となっていた十河一存を通じて、天文二十二年（一五五三）閏正月に大和国人の鷹山弘頼を高屋城に入城させて、宗房を牽制させた。この頃までに、遊佐太藤は将軍直臣である御供衆に任じられており、義輝の調略も及んでいたようだ。結局、五月に太藤や宗房が弘頼を自害に追い込み、氏綱の目論見は失敗に終わった。

こうした混乱を経ながらも、畠山高政は長慶への援軍として安見宗房を京都に派遣しており、遊佐長教以来の長慶と河内の同盟関係は維持された。

筒井順昭は長慶と同じく遊佐長教の養女を迎え、その支援を受けて大和の統一を果たす。すなわち、長慶と順昭も長教を介して同盟関係にあったが、順昭は天文十九年（一五五〇）に死去した。跡を継いだ順慶《じゅんけい》やその家臣団は、三好氏との同盟を堅持する姿勢を示す。

三好氏も、三好実休が遊佐信教に対して、順慶に意見して三碓庄《みつがらすのしょう》（奈良市）をめぐる相論を収めることが後奈良天皇の意向であると伝えたり、三好長逸が筒井氏被官の向井《むかい》専弘らに早く年貢を仁和寺《にんなじ》に納めるよう指示したりしている（「仁和寺文書」）。長慶は順慶を後見し支援する姿勢を示していた。

義就流の畠山在氏・尚誠《ひさまさ》親子が河内奪還を企て、天文末年まで大和の宇智郡《うち》（奈良県五條市）で活動するが、長慶が畠山高政や筒井順慶との同盟を維持したことで没落した。

守護代たちの後見

天文二十一年（一五五二）、三好長慶は池田長正を赦免した。三好長逸や斎藤基速は長正の下につくられた池田四人衆を通じて統制を加えていく。ただし、これは池田氏の弱体化を図ったものではない。長慶は長正を統制・後見することで、庶流家を牽制し、惣領家として確立させようとしたのである。

丹波では、細川氏綱や長慶と結ぶ内藤国貞と、細川晴元に与する波多野元秀が争いを繰り返していた。ところが、天文二十二年（一五五三）九月、国貞・永貞《ながさだ》親子が揃《そろ》って討死し、国貞の娘婿である松永長頼が、内藤氏の八木《やぎ》城（京都府南丹市）を死守する有様となった。

この状況にあたって、細川昭元の奉行人茨木長隆は、十一月に丹波国人へ、内藤氏の家督は国貞との契約によって、長頼と国貞の娘の間に生まれた貞勝《さだかつ》に定めたと伝えた。ところが氏綱を支持する内藤氏の家督を晴元の息子昭元が定めたことや、守護代家として同格の三好氏の血縁ならまだしも、その被官である松永長頼の子が継ぐことに抵抗感があったようで、事態は収束しなかった。天文二十三年（一五五四）三月、細川氏綱が丹波国人に、本来の契約では長頼が継ぐことになっていたが、長頼が遠慮して、国貞の血を受け継ぐ貞勝が相続するのだと弁明し、その取次に長慶が加わった（「片山家文書」）。長慶の軍事力で押し切ろうとしたのである。

どうして内藤国貞が家格の劣る松永長頼に娘を嫁がせていたのかは不明である。長頼が細川氏綱から山科を与えられていたことから、細川氏の直臣格として位置づけられており、氏綱の斡旋《あっせん》があったのかもしれない。また、波多野元秀への対抗上、三好氏の援軍を指揮する長頼を見込んだとも考えられる。

長頼は内藤宗勝と名乗って、領地や被官を受け継ぎ、丹波平定に努めた。永禄二年（一五五九）には波多野氏の本拠である八上城を占領すると、甥の松永孫六を配置するだけでなく、波多野秀親らを被官に加えている。そして、宗勝・貞勝親子の二頭体制が成立した。長慶も丹波国人に宗勝の命令に従うよう命じ、摂津国人を援軍として派遣している。

長慶は松永長頼を取り立て、対等な家格であった内藤氏の名跡を継承させることで、従属させることに成功した。そして、内藤氏を強力に後見することで、三十年余りも続いた丹波の対立の図式を、内藤氏の下に波多野氏を包摂する形で克服したのである。

和泉では、天文末年頃に守護代の松浦守が死去した。松浦氏は明応年間（一四九二〜一五〇一）より和泉上守護家の有力被官として現れ、守は大永七年（一五二七）には左衛門大夫を改めて肥前守を名乗ることや、一字名であることから、嵯峨《さが》源氏末裔の肥前松浦党であり、その惣領だという自己認識を持っていた。享禄年間（一五二八〜三二）には三条西実隆《さんじょうにしさねたか》に源氏物語について教えを請い、久米田池《くめだいけ》（大阪府岸和田市）の堤をめぐる争いに判決を下していることから、長慶より三十歳近く年上であっただろう。長慶と同じく晴元方であったが、長慶が細川氏綱と結ぶと、守も和泉上守護家の元常・晴貞親子を追放し、晴元方の岸和田兵部大夫と抗争を繰り返した。

その守の死後、松浦氏は分裂し、一部は反三好方に与したようで、永禄元年（一五五八）に十河一存が和泉を攻め、永禄三年二月には三好氏が支配下に収めた。一存は次男孫八郎を松浦盛の養子とし、松浦氏を継承させた。その松浦盛は、浄土真宗の貝塚《かいづか》寺内町（大阪府貝塚市）を取り立てるほどの勢力を有していた岸和田氏を従属させるため、岸和田氏の名跡を継ぐ。一存は永禄三年十一月頃までに堺より岸和田城（大阪府岸和田市）に入城して、根来寺に対抗する。九条稙通も和泉でそれを補佐した。永禄四年四月には、養父の盛が死去していたのであろう、長慶が孫八郎に対して、盛の代理と、実父一存の後見を受け、和泉を治めるよう命じている。

こうして三好氏と同格であった内藤氏や松浦氏は、三好氏へ従属していくことになった。本来、遊佐長教・内藤国貞・松浦守の死は同盟する長慶にとって、危機であった。しかし、当主を失って動揺する守護代家を後見する中で服属させていき、細川氏綱を乗り越えていく。そして、有力国人との対立を止揚させて、守護代家の家中へ包摂し、その居城の接収に成功する。それは、内藤氏や松浦氏の自発的な発展が三好氏によって促進されたと言うより、三好氏の威光の下で肥大化したとも言うべきものであった。そのため、その家中は、十河一存や内藤宗勝が死去し、後見する三好氏の求心力が失われると、分裂の危険に直面した。

半世紀に及ぶ足利将軍家や細川・畠山両管領家の分裂により、それぞれの国内の領主は二派に、領主の家の内部も二派に分かれていた。そうした不安定要素を抱える守護代や国人の家を、長慶は後見し、身の丈以上に肥大化させることで、逆に三好氏への依存を強めさせる。こうして、細川氏分国を三好氏分国に編成し直し、遊佐氏の勢力圏であった河内や大和への影響力も保持した。

元長の二十五回忌と瀧山千句

弘治年間（一五五五～五八）は、三好長慶が同盟してきた守護代や国人らを従属させ、細川氏綱を超える実力者として認知されるなど、安定した時期であった。追放した将軍義輝や細川晴元らの動きを封じ込め、晴元の子昭元や細川氏之の子真之《さねゆき》も庇護下に置いた。

そうした長慶の権勢を象徴する出来事が、弘治二年（一五五六）に催される。六月十五日、長慶は松永久秀らを伴って、芥川城から三好元長の位牌所である堺の顕本寺に赴き、非業の最期を遂げた父の二十五回忌を執り行った。そして、新たに元長の菩提を営む寺院として、京都の大徳寺《だいとくじ》の末寺であった堺の南宗庵《なんしゅうあん》に、自らが深く帰依する大林宗套《だいりんそうとう》を開基に招き、南宗寺《なんしゅうじ》の建立を開始する。

堺の顕本寺は、京都の本能寺と尼崎の本興寺《ほんこうじ》を両本山とする法華宗日隆門流において、西日本の末寺《まつじ》を統括する地位にあった。すなわち、鉄炮や硝石《しょうせき》、中国の生糸などを本山に献上した種子島《たねがしま》の本源寺《ほんげんじ》などを管掌していたのである。また、堺の豪商は一休宗純《いっきゅうそうじゅん》以来、大徳寺を支援してきたが、琉球の禅宗との交流や交易において、両者は深く結びついていた。特に南宗寺には茶の湯で有名な千家《せん》や津田家の供養塔もあり、堺の豪商たちに開かれた寺院となっていく。長慶は堺のこうした国際性に注目して、三好氏全体の宗廟の地としたのであろう。

七月十日には、長慶は久秀の滝山城《たきやま》（神戸市中央区）を訪問する。久秀は千句連歌と観世《かんぜ》元忠《もとただ》の猿楽能で長慶を歓待した。この場で詠まれた千句連歌が、いわゆる瀧山千句である。摂津各地の名所を題材に、連歌界の第一人者である谷宗養《たにそうよう》や堺の連歌壇の中心の等恵《とうえ》、武野紹鷗の弟子で千利休《せんのりきゅう》の師匠とされる堺の辻玄哉《つじげんさい》、細川昭元被官の飯尾為清、芦屋《あしや》神社の範《はん》与《よ》、兵庫津の豪商樽井《たるい》氏を檀那《だんな》とする法華宗日隆門流の久遠寺《くおんじ》の快玉《かいぎょく》、池田四人衆の池田正秀《まさひで》などで詠み合った。

久秀は長慶が愛好した連歌会を催すことで、歌に詠まれた摂津が長慶の手中にあることを言祝《ことほ》いだのである。瀧山千句は単なる文化的なサロンではなく、長慶への忠誠を確認する場でもあった。元長の恨みを晴らし、久秀らと連歌を楽しむ長慶の治世を、世上の人々も喜んだ。

なお、長慶は連歌だけでなく、猿楽能も好んだようで、天文二十二年（一五五三）に死去した日吉《ひえ》猿楽の宮王三入《みやおうさんにゅう》を近習としていた（「四座役者目録《しざやくしゃもくろく》」）。金春禅竹《こんばるぜんちく》の娘を祖母とする三入は小鼓《こつづみ》の名手で、蘭拍子《らんびょうし》を相伝しており、長慶は金剛又兵衛《こんごうまたべえ》を取次として、毎年援助していたのである。ちなみに、三入は三好実休や津田宗達、千利休とも茶の湯を通じて親密な交流があった。三入の妻である宗恩《そうおん》は利休の後妻となり、三入と宗恩の間に生まれた子は、利休の娘と結婚して、千少庵《しょうあん》となる。

明使の見た長慶

弘治二年（一五五六）、明《みん》より鄭舜功《ていしゅんこう》が倭寇《わこう》（海賊だけでなく民間による密貿易）の禁圧を求めて来日する。鄭舜功は嘉靖帝《かせいてい》の裁可を得て、浙江《せっこう》総督で倭寇対策を担当した楊宜《ようぎ》によって、日本に派遣された。鄭舜功自身は大友宗麟《そうりん》と交渉に当たり、沈孟綱《しんもうこう》と胡福寧《こふくねい》を京都に遣わしている。鄭舜功は豊後において、積極的に日本に関する資料と情報の収集に当たり、翌年、宗麟の使僧を伴い帰国したが、楊宜は既に失脚していたため投獄されてしまう。そして、出獄後に日本の歴史や人物をはじめ、その習慣、地理、日本語についてまとめた「日本一鑑《にほんいっかん》」を編纂した。そのため、キリスト教宣教師の報告書とともに、外国人による戦国時代の日本研究として高く評価されている。

沈孟綱と胡福寧は上洛して、「日本国王源知仁《ともひと》（後奈良天皇）」をはじめ、近衛前久、三条西公条《きんえだ》、柳原資定《やなぎわらすけさだ》、飛鳥井雅春《あすかいまさはる》、そして、三好長慶と協議し、倭寇を取り締まる旨の返書などを与えられた。鄭舜功は長慶について、文武に秀で、仁義を重んじることは、日本の耶《や》律楚材《りつそざい》である、と高く評価している。

本来、明との交渉は日本国王である足利将軍の専権事項であったが、将軍義輝はそうした役割を放棄しており、朝廷と長慶が対応したようだ。そのため、明使は後奈良天皇を足利氏（源氏）と誤認している。また、耶律楚材は契丹《きったん》人官僚で金《きん》に仕えていたが、金の滅亡後はモンゴルに召し出され、チンギス・ハンに書記や天文の術をもって仕えると、後継者オゴタイ・ハンのもとでは中国北部地域の文書行政を担った。明が編纂した『元史耶律楚材伝』などで高く評価されると、中国式の税制などをモンゴル皇帝に進言した名宰相として、日本でも知られる存在になった。後奈良天皇を輔弼《ほひつ》する長慶は、皇帝を導く耶律楚材になぞらえられたのであり、明使から好評であったことは間違いない。

かつて大永七年（一五二七）に義輝の父義晴は京都を追われ近江に在国していても、琉球に返書を送り、明には勘合符を求めて国書を発給していた。足利将軍家こそが外交権を独占する日本国王であると自負していたからだ。しかし、義輝にそのような自覚はなかったようで、日本国王としての役割を放棄してしまった。長慶はそうした将軍に代わり、新たな武家の代表として、後奈良天皇を補佐し明との外交に当たったのである。

第四章　将軍権威との闘い
──三好長慶・義興と足利義輝

1　将軍権威の相対化

永禄改元

弘治四年（一五五八）二月二十六日、将軍義輝を悩ませる事態が発生した。父斎藤道三を討ち美濃の支配者となった斎藤高政《たかまさ》（後の一色義龍《よしたつ》）は、京都を支配する三好長慶と結ぶ政所《まんどころ》執事の伊勢貞孝を通じて、朝廷に治部大輔《じぶたいふ》への任官を申請していたが、正式に補任されたのである。大名への栄典授与という将軍の権能までも、義輝は失いかねなかった。

その二日後の二月二十八日、正親町《おおぎまち》天皇は年号を永禄に改めた。改元は天皇大権に属すが、室町時代には将軍が同意し費用を負担しない限り、できない状態となっていた。一方、足利将軍家が分裂して弱体化すると、将軍にとっても天皇と結んで改元を行うこと自体が自らの正統性を示すことになると考えられた。そのため、足利義晴は足利義維《よしつな》に京都を追われたにもかかわらず、大永から享禄への改元（一五二八年）と、享禄から天文への改元（一五三二年）の二度にわたって執奏《しっそう》している。しかし、足利義輝は改元に極めて消極的で、天文は二十四年も続いた。これは明応が十年、文亀が四年、永正が十八年、大永が八年、享禄が五年だったのと比べてもかなり長いが、義輝は天文から弘治への改元（一五五五年）の執奏も費用負担もしなかった。このため、正親町天皇は義輝に諮《はか》ることなく、永禄改元を断行したのである。

義輝もさすがにまずいと思ったのか、五月七日に改元御礼として太刀《たち》と銭五百疋を進上したが、あまりにも度が過ぎる遅延ぶりであり、無銘の太刀や前代未聞の少額の銭であったことから、公家の万里小路惟房《までのこうじこれふさ》は憤慨している。そうすると、義輝は武家伝奏より改元を伝えられていないと居直り、勅命に背いて、わざと弘治年号を使い続けた。

弘治改元からわずか四年で、再び朝廷の財源のみで改元費用を賄うことは不可能であろう。弘治年間（一五五五～五八）、禁裏の修理費用や天皇家の直轄領の回復については三好長慶に依存しており、永禄改元の費用も長慶が調進したと考えるのが自然であろう。また、武家伝奏広橋国光《ひろはしくにみつ》の姉の国子《くにこ》は後奈良天皇の后《きさき》であり、妹の保子《やすこ》は後奈良天皇に出仕した後、松永久秀に嫁いでいる。すなわち、国光は天皇と三好氏を繋ぐ役割を果たしていた。こうした状況を踏まえると、正親町天皇は意図的に将軍義輝を見限って長慶を頼ったのであり、それゆえに義輝も旧年号を掲げることで天皇に反発するという異例な状況となった。

義輝の永禄改元をめぐる対応は、二代将軍足利義詮《よしあきら》以後、北朝天皇家を輔弼する存在として自らの存在を位置づけ、その正統性を示してきた足利将軍家の立場を放棄するものであった。

大名と朝廷の無視に危機感を抱いた義輝は、三月に挙兵し、五月には細川晴元を伴って坂本にまで進んだ。六月より京都周辺で小競り合いが行われ、長慶方が義輝方を破っている。これに対して、義輝や晴元は、紀伊の根来寺、丹波の荻野直正《おぎのなおまさ》や波多野元秀を糾合しようとしていたが、頼みとする六角義賢《よしかた》は消極的で、九月には晴元被官の三好宗渭《そうい》と長慶被官の石《い》成友通《なりともみち》が吉田兼右の屋敷で談合しており、義輝陣営は崩壊しつつあった。

一方、長慶も難しい局面を迎えていた。同盟する畠山高政は前年より安見宗房との対立を抱えており、長慶に援軍を出すことができなかったのである。また、前年に長慶とお互いに周防と長門《ながと》の平定と畿内の平定を称え合うなど友好関係にあった毛利元就が改元に従わず、義輝と同じく弘治年号を使用するなど、反三好の姿勢を示していた。

事態が動いたのは九月である。長慶・義興親子と実休・冬康・一存が尼崎で会談を催しており、義輝との和睦に向けた協議がなされたようだ。義輝は長慶と和睦の交渉中であることを北条氏康に伝えており、東国でも関心の的であった。六角義賢と武田義統《よしむね》が和睦の仲介に当たり、九月末には義輝も永禄年号を使用し、正親町天皇や長慶に従う姿勢を示したことで、和睦に向けた障害は取り除かれた。こうして十一月二十七日に和睦が成立し、翌月には義輝が上洛したのである。

諸大名の上洛

将軍義輝は自身と同じく、五年近い在国を強いられた父義晴と同様に、近衛家の娘を正室に迎え、将軍権威の回復に努める。そして、永禄二年（一五五九）二月から四月にかけて、尾張の織田信長、美濃の斎藤高政、越後《えちご》の長尾《ながお》景虎《かげとら》（後の上杉謙信）が義輝への謁見のため上洛してきた。出雲の尼子晴久と安芸の毛利元就も上洛を承諾していたが、停戦が成立せず上洛できなかった。信長は守護斯波義銀《よしかね》や足利御三家（足利一門の中でも特に家格が高い吉良《きら》氏、石橋《いしばし》氏、渋川氏）の石橋忠義《ただよし》を尾張より追放したばかりであり、高政は守護土岐頼芸《よりのり》を追放した斎藤道三より家督を譲与されたが、その道三を滅ぼしていた。景虎は義輝より越後守護格に認められるも、国内の支配に苦悩して出奔騒動を起こしており、元就は義輝の支持する主家の大内義長《よしなが》を滅ぼして、その領国を併呑《へいどん》していた。すなわち、彼らは主家に代わって台頭した直後で、国主としての立場が不安定な者たちだった。彼らは将軍の公認を得ることで、領国支配の安定を図ろうとしており、将軍権威が地に堕《お》ちることなど望んでいなかったのである。

畿内近国で圧倒的な軍事力を誇る長慶が、義輝と和睦した背景には、長慶の足利将軍家を擁立しない京都支配が常態化する中で、天皇が将軍を見限った形での改元を行ったことに危機感を深めた大名たちの間で、将軍を中心とする政治秩序へ回帰しようとする意識が高揚したことがあった。そして、斎藤高政は有力大名の証である御相伴衆に任じられただけでなく、足利一門で四職《ししき》（侍所の長官である所司）の一色氏への改姓も認められ、一色義龍と改めた。長尾景虎も関東管領への就任と上杉家の家督相続を認められた。

新興の大名の支持を確認した義輝は、伝統的な大名も含めた秩序の再編に着手する。和睦を仲介した若狭の武田義統に、義輝は姉か妹を嫁がせたが、将軍家の娘が大名に嫁ぐことは初めてであった。甲斐と信濃を支配下に収めた武田信玄の嫡子義信《よしのぶ》を准三管領《じゅんさんかんれい》とする。また、伊達晴宗《はるむね》（政宗《まさむね》の祖父）を足利一門の大崎氏に代えて奥州探題に、大友宗麟を同じく足利一門の渋川氏に代えて九州探題に補任していく。

義輝は、それまで足利一門に独占されていた三管領や四職、探題に有力大名を登用した。谷口雄太氏によると、それは将軍への求心力を高める措置であったが、将軍自らが足利一門を軽視したことは、足利将軍家を中心とする家格秩序を自ら否定しかねない危険な判断であったという。その上、上杉謙信と武田信玄、一色義龍と六角義賢、大友宗麟と毛利元就など対立する大名同士を天秤《てんびん》にかける外交は、新たな戦争の火種を残すことになった。

朝廷をめぐる駆け引き

将軍義輝は三好長慶の影響が強まった公家衆の再編を目指す。十一代将軍義澄まで将軍の外戚として権勢を振るってきた日野家は、弘治元年(一五五五)に日野晴光《はるみつ》の死去により断絶し、その領地は晴光の妻で義輝の乳母《めのと》である春日局《かすがのつぼね》によって管理されていた。その二年後、長慶は義輝の経済基盤を切り崩すため、九条稙通とともに晴光の子として叙爵した飛鳥井雅綱《まさつな》の子資堯《すけたか》を家督に推し、正親町天皇も長慶の意見に同意し裁可している。しかし、永禄二年(一五五九)四月に、義輝の推す広橋国光の子兼保《かねやす》が日野家を相続し輝資《てるすけ》と改名することになった。一見、義輝の意向が通ったように見えるが、国光が松永久秀の義兄であることを踏まえると、両者の妥協の産物であった。

長慶と義輝の和睦が表面上に過ぎないことは、徐々に明らかになっていく。同年十一月、松永久秀が自らの被官で備前国人である楠 正虎《くすのきまさとら》の望みを受け、祖先で朝敵とされてきた楠木《くすの》正成《きまさしげ》の名誉回復を、正親町天皇に訴えたのである。

正成は後醍醐《ごだいご》天皇に従って、鎌倉幕府を倒すのに功績があったが、足利尊氏との戦いに敗れ自害した。その子の正行《まさつら》も後村上《ごむらかみ》天皇に忠節を尽くし討死している。そのため、北朝から朝敵とされ、正成の末裔と称する正虎は、世間を憚《はばか》って大饗《おおあえ》姓を名乗っていたという。ただ、同じく正成の末裔とされる伊勢国人の楠氏は改姓などしていないので、久秀の狙いは正虎の要望を叶えることなどではなく、北朝の天皇が敵対した南朝の臣を赦免するという行為であり、北朝天皇家の守護を自任してきた足利将軍家の役割が終わったことを明示することにあったのであろう。久秀は天皇の勅許だけでなく、わざわざ義輝にも承認させることで、正虎の楠復姓と河内守任官を執り行ったのである。正虎は久秀のもとで備前浦上氏や安芸毛利氏との交渉に関わることになる。

長慶と義輝は胸襟《きょうきん》を開いて和睦したのではなく、天皇と将軍の分断状況が解消されないまま、政治的な駆け引きが続いていくことになる。

三好義興の家督相続

永禄元年（一五五八）十一月末、三好長慶と将軍義輝の和睦が成立した直後に、長慶と同盟する畠山高政が安見宗房と対立し、高屋城を退いて堺に没落する事件が起こった。両者の対立関係は高政が家督を継いだ時からあったが、弘治三年（一五五七）正月頃から表面化していた。永禄二年五月、長慶は高政に味方し出陣する。高政も宗房を討つため、長慶と相談

三好義興画像（模本）　京都大学総合博物館所蔵

しており、紀伊の湯河直光《なおみつ》や大和の十市《とおち》遠《とお》勝《かつ》を動員していた。一方、義輝は宗房と長慶が戦うことを危惧し、根来寺を和泉に出陣させ、長慶を牽制する。おそらく義輝は以前より宗房と結んでいたので、高政は義輝と戦っていた長慶に援軍を出せなかったのであろう。根来寺が和泉で十河一存を破ったため、長慶は一時摂津に退いている。

態勢を立て直した長慶は、丹波の内藤勢や播磨の別所《べっしょ》勢を加えた二万の軍勢で、六月末に河内に攻め込み、八月一日には高屋城を奪還して、高政を復帰させた。また、長慶は松山重治・石成友通・松永久秀らに二万の軍勢を与えて、大和に遣わしている。宗房は内紛で失脚した筒井順慶を後見し、筒井《つつい》城（奈良県大和郡山市）に復帰させたことで、河内と大和を従える勢力になっていたためである。長慶は摂津に撤兵したが、久秀らは順慶を追放した後も、大和に居座り続けた。高政は河内を回復したが、長慶への従属を余儀なくされていく。

このため、義輝は長慶と安定した関係を構築することが急務となる。永禄三年（一五六〇）正月頃、長慶は朝倉孝景《たかかげ》（義景の父）・河野通直・北条氏康・尼子晴久・北条氏政《うじまさ》・一色義龍に続いて御相伴衆に任じられた。後に毛利元就・毛利隆元《たかもと》（元就の長男）・三好義興・今川氏真《がわうじざね》（義元《よしもと》の子）・大友宗麟・伊東義祐も任命された御相伴衆は、三管領四職並みの格式を示し、足利義晴の頃より、有力大名であることの象徴となっていた。

正親町天皇も、長慶を修理大夫《しゅりのだいぶ》に、義興を筑前守に任じている。長慶はすぐに正親町天皇の即位費用を納め、正月二十七日の即位式（皇位に就いたことを内外に示す儀式）では警固の任に当たった。即位式は後柏原天皇が践祚《せんそ》（皇位に就くこと）して二十一年、後奈良天皇は十年かかっていたが、正親町天皇はわずか二年三か月後に、本願寺や北畠氏・毛利氏・朝倉氏・三好氏より献上された費用で、速やかに行うことができた。これに満足した正親町天皇は、長慶・義興親子を謁見し、天盃《てんぱい》を与え、御剣《ぎょけん》を下賜《かし》したことで、三好氏は大いに面目を施している。

二月になると、義興と久秀が義輝より御供衆に加えられ、久秀は弾正少弼《だんじょうしょうひつ》に正式に任じられたが、こうした栄典授与はかなり異例なものであった。長慶の修理大夫任官は同格となった大友宗麟が、久秀の御供衆は東国の太田資正《すけまさ》らが激しく反発した。しかも、久秀の弾正少弼は、かつて足利義晴を支えた六角定頼の官職であった。つまり義輝は激しい反発を受けても、三好氏に破格の厚遇を与えねばならなかったのである。

義輝にとって、極度に悪化した正親町天皇との関係改善や、畠山氏までも服属させた三好氏との関係の安定化は最重要課題となっていた。戦国時代では異例な速さで催された正親町天皇の即位式は、その象徴でもあった。三好氏歴代当主が私称した筑前守に正式に任官した義興は、長慶より家督を譲与された。

領国拡大と飯盛城

永禄三年（一五六〇）三月、安見宗房が高屋城に近い富田林《とんだばやし》寺内町（大阪府富田林市）に特権を付与していることから、これ以前に畠山高政の下に復帰していた。もはや宗房なしで畠山氏の支配は成り立たなかったのである。また、数年前まで陪臣であった長慶が御相伴衆に就任したことは、畠山氏と家格の上で同格になることを意味し、高政にとって到底受け入れられるものではなかった。長慶と高政の関係は一挙に冷却化した。

長慶は四月に淡路の洲本で実休や冬康と参会したが、自らに断りもなく宗房を赦免した高政を攻める相談であったようだ。長慶は飯盛城の宗房を、実休は高屋城の高政を攻撃した。十月に内藤宗勝《そうしょう》が坂本で挙兵した細川晴元を追い払い、実休が根来寺を撃退したことで、高政や宗房の敗北は決定的となり、堺に退去している。

長慶の畿内平定を世間は歓迎し、十一月十三日に長慶は飯盛城に、実休は高屋城に入城し、それぞれ居城と定めた。久秀も大和の東端の宇陀郡《うだ》（奈良県宇陀市）を制圧する。前年に続く大和攻めでは、奉公衆の結城忠正《ゆうきただまさ》や細川氏綱被官の今村慶満が長慶に動員されると、そのまま久秀の与力になっており、三好氏家臣団の拡大にも繋がっていた。

こうした戦争は、近畿でも起きていた。六月に若狭の武田信豊《のぶとよ》の支援を受けた丹波国人（波多野元秀か）が丹波に攻め入ったのを機に、内藤宗勝が反転攻勢に出て、若狭や丹後に侵入したのである。宗勝は武田信豊・義統親子の不和に乗じ、武田氏被官で砕導山城《さいちやま》（福井県高浜町）の逸見昌経《へんみまさつね》や粟屋《あわや》氏ら、さらには丹後の加佐郡衆《かさぐんしゅう》と結んで、若狭を制圧しようとした。そのため、義統は越前の朝倉義景に救援を求めた。永禄四年（一五六一）六月に宗勝と逸見氏は武田氏の本拠である小浜《おばま》（福井県小浜市）を攻撃する。朝倉勢がこれを撃退し、逆に逸見氏を降《くだ》して若狭を平定したのは、八月末になってのことであった。

この時の三好氏の領国拡大は、それまでの畿内近国の戦争とは全く異なるものであった。応仁の乱や明応の政変を経て、戦乱の時代に突入したが、基本的に守護家の家督争いであり、守護代家の台頭も概《おおむ》ね守護家が守護職を持つ国々の範囲内で収まっていた。ところが、三好氏はそうした支配の由緒を持たない国々を、永続的に支配しようとしたのである。当時は武田氏や尼子氏、毛利氏、大友氏が、支配の正統性として守護職を獲得しておくことはよくあったが、三好氏にはこうした動向もない。

長慶の意図が不明であるため、伊勢では北畠国永《くになが》が自身の和歌集に「三好といひけるもの、畿内を心のまゝにして、伊セ入《いり》なと、物言喧《やかま》しかりければ、城あまたきつかせなとし給ふ」と書き留めた(「年代和歌抄」)。北畠具教《とものり》も伊勢神宮で三好氏の退散を祈禱するため、十二月に勢多川《せたがわ》の交通税を免除し寄進している。

また、伊賀では、永禄三年(一五六〇)と推定される十一月に掟書《おきてがき》が制定され、惣国一揆《そうこくいっき》が成立した。十七歳から五十歳の者に総動員体制を布《し》き、侍や百姓が三好氏に奉公することを禁じる一方、三好氏に敵対した大和国人も許容しないと定め、甲賀(滋賀県甲賀市)との同盟を強化している。三好氏の領国拡大は、畿内近国の人々に大きな衝撃を与えた。

長慶は木沢長政や安見宗房の居城となるだけでなく、「飯盛御屋形様《おやかたさま》」と称された義就《よしひろ》流の畠山在氏の政務の場として、公的な格式を備えた飯盛城を新たな居城と定めた。そして、細川高国が築城を命じ、細川晴元が在城した芥川城に嫡子義興を置き、歴代畠山氏の居城であった高屋城には実休を配した。嫡子や弟を細川・畠山両管領家に所縁の城郭に置くことで、自らは管領家を超越する存在であることを明示したのである。また、入城直後から、久秀が明経博士《みょうぎょうはかせ》の清原枝賢《きよはらのしげかた》を介して、唯一神道の継承者である吉田兼右に、三好氏の祖先の新《しん》羅三郎《らさぶろう》源義光が神前で元服した園城寺《おんじょうじ》(三井寺《みいでら》)の新羅善神堂《しんらぜんしんどう》の勧請《かんじょう》について問い合わせており、飯盛城を聖地化する構想もうかがえる。家督を譲った嫡男に本国を任せ、大御所自らが新占領地に赴くのは、織田信長や北条氏政などに見られる方式であった。

飯盛城には、永禄四年（一五六一）正月の時点で、松永久秀・松山重治・鳥養貞長も在城していた（「私心記」）。ただ、同年中に久秀は多聞山《たもんやま》城（奈良市）の築城を開始し、大和に転じている。

桐御紋の免許

両管領家を合わせた領国を築いた三好氏について、将軍義輝はその位置づけを改めざるを得なかった。既に三好長逸《ながやす》が永禄三年（一五六〇）九月に従四位下に叙せられていたが、永禄四年正月から二月にかけて、三好義興と松永久秀も従四位下となり、義興が父長慶に次いで御相伴衆に加えられた。長慶・義興親子と久秀が、もともと天皇家の紋で後醍醐天皇が足利尊氏に下賜した由緒を持つ桐御紋《きりのごもん》を、義輝より拝領している。さらに閏三月には、三好実休が御相伴衆に任じられた。

長慶は一色義龍や上杉謙信とは異なり、高い家格の名跡を継承するのではなく、三好氏の家格を、わずか十年で陪臣から足利将軍家並みに引き上げることに成功したのである。三好氏の場合、当主とその嫡子だけでなく、その兄弟や宿老にまで栄典が及んでいたのが特徴的である。また、桐御紋は御相伴衆を上回る栄誉で、天皇家より政務を委任された将軍家の証であった。このため、織田信長や羽柴秀吉も長慶らに倣い、桐御紋を拝領し用いている。

そして、義輝は京都に屋敷を持たなかった義興に急遽《きゅうきょ》屋敷を構えさせ、三月三十日に訪問した。将軍が元陪臣を訪問することは異例であったが、義興との主従関係を再確認することが優先であった。この時、義興を除くと、三好一族は長慶、長逸、宗渭、生長《なりなが》（長逸の子）、帯刀左衛門尉の順で義輝に太刀を献上しており、一族内の順位が判明する。宗渭は長慶と義輝の和睦が成立したのを機に、細川晴元のもとを離れたのであろう。

関東では長慶・義興・久秀に対する批判があったが、義輝が国家を治めるためにはやむを得ないと考えられていた。とにもかくにも、義興と義輝が蜜月《みつげつ》関係を演出したことで、反三好を掲げて戦ってきた細川晴元は居場所を失った。四月二十一日、堺の豪商で茶人である若狭屋宗可《そうか》の宿に寓居《ぐうきょ》していた晴元の茶会に津田宗達が出向いている。その翌日、宗達は三好長慶がいる柏原源介の宿を訪問しているので、宗達が両者の和睦を仲介したのであろう。五月に晴元は再び出家して、富田《とんだ》（大阪府高槻市）の普門寺《ふもんじ》で隠棲《いんせい》することになり、長慶と晴元の戦いはようやく終わったのである。

将軍義輝は、外戚の近衛一族、すなわち母の慶寿院《けいじゅいん》（近衛尚通娘）とその兄弟の近衛稙家・聖護院道増・大覚寺義俊《だいかくじぎしゅん》・久我晴通《こがはるみち》、そして稙家の子である関白近衛前久《さきひさ》と、畿内近国で最大の大名となった三好義興によって支えられていた。遠国の大名との交渉は近衛一族に、畿内近国は義興と松永久秀に依存していく。永禄四年（一五六一）閏三月、義輝は朝倉義景に三好長慶・義興親子ならびに久秀と諸事相談すべしと命じた。洛中の相論も義興と久秀で処理するよう、政所執事伊勢貞孝に伝えている。また、義興も毛利氏や河野氏など、西国大名の取次を行っていた。久秀は義興の後見人として、将軍や寺社から認められ、長慶も宿老の三好長逸と義興付きの奈良長高《ならながたか》を通じて、義興を補佐していた。

京都では三好氏と幕府の安堵が並存しており、義興こそが三好氏と将軍義輝の協調関係の要《かなめ》であったのである。

2　義輝との「冷戦」

教興寺の戦い

永禄四年（一五六一）閏三月二十八日に三好長慶の裁判を支えてきた斎藤基速が、四月二十三日には和泉を守る十河一存が相次いで死去した。五月六日、長慶は一存が遺《のこ》した三好義継・松浦《まつら》孫八郎兄弟の相続を安堵する旨、彼らの乳母《めのと》に伝えた（「九条文書」）。

一存の死から間もない五月二十七日から三日間にわたって催された飯盛千句では畿内の名所を織り込んだ歌が詠まれた。一存への鎮魂といった宗教性と、畿内を支配下に収めた長慶を称賛する政治性が垣間見える。瀧山千句の構成員に加え、谷宗養の死後に連歌界の第一人者となる里村紹巴《さとむらじょうは》、歌人としても名高い安宅冬康《あたぎ》らが参加した。

一方、幕府より排除されていた畠山高政と六角義賢は、一存の死を契機に共闘し、三好氏を挟撃するようになった。義興と久秀が京都で義賢と対峙し、実休と冬康が和泉で高政や根来寺と戦う二正面作戦を強いられることになる。

そして、永禄五年(一五六二)三月五日、久米田(大阪府岸和田市)の戦いで、実休が敗死すると、長慶は飯盛城に籠城を余儀なくされる。安見宗房は前年に関東管領に就任した上杉謙信に祝儀を送り、連携を試みる。これに対して、義興と久秀は即座に京都の放棄を決断すると、義輝とその母の慶寿院を石清水(京都府八幡市)に退去させたが、政所執事の伊勢貞孝は、京都に進駐した六角勢を迎えている。高政と義賢は上杉謙信や伊勢貞孝とともに幕府を運営していこうとしたのである。

五月になり阿波に撤退していた三好康長ら実休の遺臣が態勢を立て直して、尼崎に渡海すると、義興と久秀は康長らと畠山・根来寺連合軍を攻撃した。五月十九日から翌日にかけて行われた教興寺(大阪府八尾市)の戦いでは、畠山方に寝返っていた一部の松浦《まつら》勢が崩れたのを機に、長慶が飯盛城から打って出て挟み撃ちにし、湯河直光を討ち取る大勝利を収めた。高政は大和へ敗走し、宗房は大坂へ、薬師寺弼長《すけなが》は東国へ逃がれた。この時、義輝の伯父である大覚寺義俊も越前へ逃げ出し、伊勢貞孝や大館晴光ら奉公衆も坂本へ退去している。

三好義興が美濃一色氏と同盟交渉を進めていたこともあり、六角勢も近江に撤退した。義興が京都を回復すると、正親町天皇は二十六日に戦勝を祝している。義輝が伊勢貞孝に代わり、自身の乳母春日局の養父であった摂津《せっつ》元造の子晴門《はるかど》を政所執事に取り立てると、貞孝・貞良親子は細川氏被官の柳本氏や薬師寺氏とともに挙兵し、京都に攻め入ったので、九月に久秀がこれを討ち取った。同月には十河一存の長男三好義継が、家原寺《えばらじ》（大阪府堺市西区）に禁制《きんぜい》（軍勢の狼藉を禁じる命令）を発給しており（「家原寺久蔵院文書」）、岸和田城の安宅冬康とともに和泉を守ったようだ。

教興寺の戦いは、幕府への参画を目指す畠山高政や六角義賢の動きに、将軍義輝をはじめ上杉謙信や朝倉義景が乗じたものであった。義輝は三好氏だけでなく、複数の大名に支えられる形に幕府を再編しようとしたのである。義輝は永禄初年より安見宗房を支援していたし、六角義賢も義興に意趣はあるが義輝に他意はないと伝えている。しかし、畠山・根来寺連合軍が想定外の大敗を喫し、暗躍した義輝の外戚である近衛一族や、直臣の奉公衆が京都から逃げざるを得なくなった。そして、義輝がまたしても三好氏との和睦を破っていたことが露見したのである。

三好義興の死

教興寺の戦いによって、三好氏と義輝の対立は再燃し先鋭化していく。

相論の裁判についても、義輝と義興・久秀の間で齟齬《そご》が見られるようになる。永禄四年（一五六一）、曼殊院門跡《まんしゅいんもんぜき》領である加賀富墓庄《とみつかのしょう》からの上納分を北野社松梅院《しょうばいいん》が滞納している問題について、政所が松梅院の行為は不当と認定し、義興もそれを承認していた。ところが、義輝は義興が高政や義賢と戦っている隙《すき》を突いて、これを覆そうとし、久秀が義輝は横暴と非難したのである。そのため義輝は激怒して、久秀のしたいようにせよと声を荒げる事態となった。慶寿院も政所の決定を差し止めさせたが、教興寺の戦い後の七月に、義興は義輝や慶寿院の干渉を排して、曼珠院を安堵したのである。

永禄六年（一五六三）四月には、清水寺と本国寺《ほんこくじ》が山をめぐって争い、義輝に訴えると、今度は本国寺の檀那である久秀が介入した。久秀を恐れた清水寺が裁判に出廷しなくなり、義輝は激怒したが、十月に久秀の主張通りに本国寺の勝訴とせざるを得なかった。

また、義輝追放時のように、三好氏は再び遠国の裁判に関心を示す。房総半島で起こった法華宗寺院の末寺奪い取り事件について、久秀が末寺を横取りした東金《とうがね》（千葉県東金市）の領主の酒井胤敏《さかいたねとし》を不当とする判決を下したため、胤敏は久秀が領地内のことにまで干渉するのかと嘆いている。

教興寺の戦い以前のような協調関係は急速に失われてしまった。同年三月に義興ではなく久秀に、義輝の娘（総持寺殿《そうじじどの》）を人質として差し出させたのは、将軍が三好氏の下位にあることを示す象徴的な出来事であった。

また、同年三月に細川晴元、四月に上野信孝という対三好氏強硬派が相次いで死去している。そして、六月には義興が病に倒れた。名医の曲直瀬道三《まなせどうさん》の治療によって一時回復したが、重篤化したようだ。祇園社《ぎおんしゃ》や吉田兼右、正親町天皇による平癒祈願がなされたが、八月二十五日、義興は芥川城で死去した。

十二月には細川氏綱が淀城で死去し、三好氏が配慮すべき人物はいなくなった。閏十二月には義興の後見人であった久秀が落胆のあまり、嫡子の久通《ひさみち》に家督を譲り、朝廷との交渉以外の職務から退いている。

甲子改元

永禄七年（一五六四）正月、三好義継が三好長逸と松永久通を率いて上洛し、足利義輝に対面した。三好義興の後継者は十河一存の長男三好義継であることが公表されたのである。

この頃、義興の後継者候補には、安宅冬康を含め、実休の息子が三人、冬康の子が一人、一存の子が二人と、合計七人いた。どうして長慶は義継を選んだのであろうか。その背景には、義継の母親が前関白九条稙通の娘（養女）という事情があった。

三好氏と対立する義輝は近衛家の血を受け継ぎ、自身も近衛家より妻を迎えていた。この足利・近衛連合に対抗するため、義継を三好氏の当主とし、関白をめぐって近衛家と争う九条家や二条家との関係を深め、三好・九条連合を形成しようとしたのである。

そして、永禄七年（一五六四）が讖緯説《しんいせつ》に基づく改元が行われる年であったが、通例の二月を越えても、義輝が改元を執奏しなかったため、三月に松永久秀と義兄で武家伝奏の広橋国光とともに、朝廷に改元を申し入れた。中国から導入された讖緯説とは、辛酉《しんゆう》の年に王朝交代が起こり、甲子《かっし》の年に徳を備えた人に天命が下されるという革命思想で、日本では王朝交代を防ぐため、十世紀以降、必ず改元が行われてきた。ところが、義輝は前述した弘治や永禄の改元時だけでなく、辛酉にあたる永禄四年や甲子にあたる永禄七年も改元を執奏しなかった。それを見た三好方が義輝に代わって、将軍の専権事項を行おうとしたのである。

公家でも将軍でもない三好氏の執奏は、極めて異例であった。長慶が義輝を追放していた時とは違い、義輝が在国しているから、三好氏が代行するのではなく、正親町天皇に将軍職にふさわしいのは、長慶か義輝かを迫ったのである。天皇が改元した場合、長慶は事実上の将軍と認められることになり、改元しなかった場合、義輝が将軍としての職務を怠り、天皇を侮っていることが明らかとなる。すなわち、三好方としては、天皇がどのような決断を下そうと政治的勝利を得ることになるのである。

天皇は再び京都で戦争が起こることを恐れ、改元しなかった。明治時代になって一世一元制が採用されるまで、甲子年に改元しなかったのはこの時だけである。

これに反応したのが、伝統的に京都の将軍と対立関係にあった関東の将軍である古河公方足利義氏と、それを推戴する北条氏康であった。義氏は八月に鎌倉に帰還すると「鎌倉様」と称されるようになり、花押を義輝の形に模したものに変更し、書札礼《しょさつれい》も尊大化した。義氏は将軍失格の義輝に代わり、自らを京都の将軍に擬していったのである。

秘匿された長慶の死

永禄七年（一五六四）五月九日、三好長慶は弟の安宅冬康を飯盛城で殺害した。その理由は、冬康の逆心のためとも、讒言《ざんげん》のためともされる。讒言の主は松永久秀とする軍記物があるが、久秀は前年に冬康より援軍を得ており、関係は良好であった。三好氏と将軍義輝の関係が悪化する中、少年の三好義継が家督を継承することに不安を覚えた被官らが冬康を担ぎ、三好氏が分裂することを、長慶は回避しようとしたのではないか。

六月には、長慶は飯盛城を訪問したキリスト教宣教師のガスパル・ヴィレラに対して、被官の洗礼を認め、保護を与えた。これにより、仏教諸宗派からの迫害は止《や》んだという。ところが、七月四日、長慶は死去した。義輝との対立が先鋭化する中、その死は秘匿され公家たちの日記にも見えない。

村井祐樹氏は、この長慶の死去にかかわる史料として、松永久秀が石成友通に宛てた六月二十二日付と翌日付の書状を挙げる（「柳生《やぎゅう》文書」。著者は前年に死去した三好義興に関するものと考えていた）。それによると、曲直瀬道三だけでなく、堺の医者である半井《なからい》驢庵《ろあん》も診察に訪れていた。しかし、長慶は重篤であり、久秀は釈尊《しゃくそん》や八幡も生を享《う》けた者は死ぬべき定めと言うが残念なことだ、気も心も消え入りそうだ、取り乱しては無念と思う、と長慶への心情を吐露する。そして、長慶が死去した場合は秘密にせよ、薬師《くすし》にも誓約書を書かせよと念押しする。また、御小姓衆《おこしょうしゅう》に殉死する動きがあるが、それは不忠で、敵と戦って討死するのが忠義であるが、葬礼の際にその覚悟を示すべきで、長慶のためになるのだという。久秀は、もしかしたら、めでたく長生きしてくれるのではないか、そのように言うのも祈禱だと、一縷《いちる》の希望を友通に述べている。この約十日後に、長慶は世を去った。

長慶の最期については、十河一存・三好実休・三好義興を短期間のうちに失ったため、覇気を失い、久秀に実権を奪われてしまったとされることが多い。しかし、弟たちの死後も教興寺の戦いに勝利し、嫡男が亡くなっても、将軍に代わり改元を執奏するなど、むしろ意欲旺盛《おうせい》であった。一次史料からは死因は不明としか言えず、殊更に精神を病んだなどとレッテルを貼《は》ることは慎むべきであろう。

3　長慶の周辺

連歌師谷宗養

三好長慶は、天文十一年（一五四二）に三好宗三《そうさん》が興行した連歌会以降、三十回以上の連歌会に参加している。曽祖父之長や父元長は和歌をしなかったので、いかに愛好していたかわかる。そのうち、三分の二以上も同席したのが、連歌師の谷宗養であった。宗養は著名な宗祇《そうぎ》の孫弟子にあたる谷宗牧《そうぼく》の子で、宗長《そうちょう》（柴屋軒《さいおくけん》と号す）や父が亡くなると、連歌界を代表する存在となる。

貴賤《きせん》が寄り合って創作する連歌は芸術活動であるだけでなく、かつて細川氏が巨費を投じて千句を開催したように、その威信を示すものでもあった。連歌師も文化の伝播者《でんぱしゃ》であるだけでなく、大名同士や大名と公家を取り結び、情報の伝達から、交渉の仲介まで行う政治的存在でもあった。宗養もまた、近衛尚通や前久をはじめ、植家の弟の大覚寺義俊や、三条西実隆の子公条と交誼《こうぎ》を結び、尼子晴久や朝倉義景、六角氏の宿老永原重興に招待されている。長慶は特に宗養を重用し、師匠と崇《あが》め、尚通や公条と同席するようになった。

その宗養は、宗祇の風骨を伝えているとされ、死去した際には「連歌は断絶也《なり》、おしむべし、おしむべし」と悔やまれている（「歌道聞書」）。また、宗養は宗長の化身であり、里村紹巴も及ばないと評された（「二根集《にこんしゅう》」）。

長慶にとって遊佐長教が兄貴分だとすると、四歳年下の宗養は弟分であり、大変可愛《かわい》がっていた。両吟《りょうぎん》や三吟《さんぎん》といった技量の高い者だけで催す連歌も宗養と催しており、心酔ぶりがうかがえる。宗養も長慶が飯盛城に入城すると、「山川もなびくハ霧のあしたかな」と詠み、長慶が大和と河内を平定したことを言祝いでいる。また、近江の日吉神社の神官を猿の姿で描いた御伽草子《おとぎぞうし》の絵巻「猿の草子」に逸話が残る。神官は娘を毛利氏や上杉氏といった新興大名から嫁にと望まれ、大内氏や六角氏など伝統的な大名とも交誼を結ぶなど、その権勢を誇っていた。神官は娘を仲間内の横川《よかわ》氏に嫁がせ、祝宴で連歌を催そうとするが、谷宗養は飯盛城に下向しており、招くことができなかった。また、茶壺の付藻茄子《つくもなす》も松永久秀に奪われたという。新旧の有力大名たちを翻弄《ほんろう》した日吉大社や延暦寺であっても、三好氏には敵《かな》わなかった。宗養は長慶と北野社の取次にもなっており、長慶の権力や文化支配を示すブレーンでもあったのである。

長慶は宗養とともに連歌撰集《せんしゅう》を編纂しようとしていたが、実現しなかった。宗養が永禄六年（一五六三）に死去した三好義興の追善のために準備した発句《ほっく》は、里村紹巴の「懐旧《かいきゅう》百韻《ひゃくいん》」に収められている。同年十一月に宗養が亡くなった際には、長慶が宗養と両吟させて育てた里村紹巴とともに、追悼の両吟百韻を催した。

長慶の人物像は連歌に関するものからうかがい知れる。長慶の連歌は「いかにも案じてしたる連歌」で、安宅冬康が「はなり（花）としたる事はありしが、しおとしあり（為落）」であったのに対し、「ちゝ（遅々）にはありしが、能《よ》く習ひたる連歌にて、しなよかり（品良）しなり」という（「耳底記《にていき》」）。さらに、長慶が飯盛城で宗養や紹巴、安宅冬康と連歌会をしていた時、三好実休が討死したとの報が入ったが、慌てることなく、歌を詠んで連歌会を終え、宗養らを帰した後に、戦準備をしたという（『三好別記』）。事実とは思えないが、長慶の冷静沈着で思慮深い性格がうかがえる。宗養は、そのような長慶の心に常に寄り添い、長慶が最も心を許した人物であったと言えよう。

小笠原長時・貞慶

戦国時代の三好氏と小笠原氏はお互いを同族と認識していた。武田信玄に信濃を追われた小笠原長時《ながとき》は、弘治元年（一五五五）に三好長慶より弓馬や礼法の師範として招かれたという。永禄元年（一五五八）には祖先の源義光に倣い、息子の貞慶《さだよし》を園城寺の新羅善神堂で元服させた。翌年三月、細川氏綱が年頭の御礼として義輝に出仕する際、長慶の取次により、氏綱や義輝への対面が叶っている。

永禄四年（一五六一）閏三月、関東に出陣した上杉謙信は、鎌倉で上杉家の家督を継ぎ、関東管領に就任する。義輝は謙信に、長時の信濃復帰に尽力するよう命じた。同月、長時・貞慶親子は芥川城に近い本山寺《ほんざんじ》（大阪府高槻市）に、帰国が叶えば土地を寄進すると祈願している。しかし、謙信は九月の川中島《かわなかじま》の戦いで武田信玄に敗れ、長時らの信濃復帰は成らなかった。

長時はその後も在京しており、永禄六年（一五六三）六月に三好義興が病床に伏した際、醍醐寺からの問い合わせに対して、曲直瀬道三の投薬によって、快方に向かいつつあると症状を伝え、祈禱に感謝している。また、義興に醍醐寺の書状を伝えると述べており、単なる武芸師範ではなく、取次の任に当たっていた。

義輝は足利一門を軽視し、伊達氏や大友氏、武田氏といった遠国の有力大名や、上杉謙信・一色義龍・織田信長・毛利元就など成り上がり大名を優遇した。それに対して、長慶は小笠原長時・貞慶親子だけでなく、斎藤道三に美濃を追放された土岐頼芸・頼次《よりつぐ》親子や、織田信長に尾張を追われた石橋忠義を庇護している。

足利将軍家は義満から義稙《よしたね》まで源氏長者《げんじのちょうじゃ》（源氏全体の代表者）の宣下《せんげ》を受けてきたが、義晴以降、源氏長者になるものはいなかった。そうした中で、義輝に切り捨てられた信濃源氏小笠原氏や美濃源氏土岐氏、足利御三家石橋氏を召し抱え、藤原氏を自称していたが桐御紋拝領の際、源氏に改めた松永久秀を従える長慶は、自らを義輝に代わる源氏の棟梁として位置づけようとしたのであろう。

長慶の弟たち

三好実休は三好長慶の長弟だが、長慶と母が同じかどうか不明である。長らく義賢《よしかた》とされてきたが、一次史料で確認できず、それは誤りである。淡路の志知《しち》（兵庫県南あわじ市）の国人である野口《のぐち》信濃守（「天文日記」）と阿波国人芥川氏を継いだ三好一族の芥川孫十郎（「細川両家記」）については、長慶ではなく、実休の妹婿と記載されている。

実休は長慶に代わって阿波を守り、長慶とは別個の家臣団を形成した。阿波守護家の内衆で三好氏の側近取次を務め、三好氏から娘を迎えていた篠原氏からは、長房《ながふさ》・長重《ながしげ》親子や、自遁《じとん》・長秀《ながひで》親子が加わっている。元長から引き継いだ譜代被官として、加地氏・市原氏・伊《い》沢《さわ》氏がおり、新たに勝瑞周辺の領主である矢野《やの》氏らを取り立てた。

また、長治《ながはる》と義堅《よしかた》の生母は別で、少なくとも実休の妻は二人いた。実休が細川氏之を殺害し、その側室である小少将《こしょうしょう》（阿波国人岡本氏の娘）を奪ったという逸話は、江戸時代に創作された俗説である。

実休は茶の湯を好んで、珠光小茄子《じゅこうこなす》・実休肩衝《じっきゅうかたつき》・三日月《みかづき》といった名物を五十点も収集し、千利休の高弟の山上宗二《やまのうえのそうじ》より、「数奇者」と武士で唯一称賛された。

実休の死後、河内の高屋城に在城する篠原長秀・加地盛時《もりとき》・三好康長・矢野虎村《とらむら》・吉成信長・三好盛政《もりまさ》・三好盛長《もりなが》・市原長胤《ながたね》・伊沢長綱《ながつな》が連署して、「水魚の思」をなし、幼少の長治を守り、「御家」のために尽くすことなどを誓った。彼らは康長を代表に、三好盛政や矢野虎村を中心として「高屋衆」を形成していく。一方、四国では、篠原長房が評定衆を中心に訴訟制度を整備し、「新加制式《しんかせいしき》」と呼ばれる分国法を定めた。

安宅冬康は長慶の次弟にあたる。安宅氏は紀伊を出自とする海賊で淡路に進出していた。冬康は長慶の力を背景に、淡路の海賊を従えていく。また、淡路守護がいた養宜《やぎ》や要港の由良《ゆら》に代わり、洲本を淡路の中心に育てた。そして、長慶が保護した兵庫津の豪商棰井《たるい》氏に金融業の営業を免許したり、冬康が尼崎で取り立てた本興寺に対して、長慶が経済特区を公認したりするなど、兄弟が一体となって、大阪湾の港湾都市に進出した。

冬康は長慶と同じく連歌を愛好し、「安宅冬康句集」には、天文十四年（一五四五）から十年間の発句や付句《つけく》が収められた。永禄五年（一五六二）の「冬康独吟法楽連歌」には谷宗養が指導した跡が残る。十河一存の死後に岸和田城主になると、永禄五年正月には籠城の祈禱として「橘冬康詠歌《たちばなのふゆやすえいか》」を堺の菅原《すがわら》神社に奉納した。茶の湯も好み、兄実休や津田宗達、今井宗久《いまいそうきゅう》、千利休などと頻繁に茶会を催している。

十河一存は長慶の三弟にあたる。長慶が天文八年（一五三九）に細川晴元に背いた際に、一存も晴元の命令に背いて同調したようで成敗され、一時、十河城《そごう》（香川県高松市）から没落していたようだ。しかし、十河城を実力で奪還したため、晴元は十河氏と同族の植田氏や東方守護代の安富氏に一存を退治するよう命じている。天文十七年（一五四八）に長慶が再び挙兵すると、晴元はすぐに本領安堵をもって、一存を誘っており、一存も一時これに応じていることから、讃岐における基盤はあまり強くなかったようだ。

阿部匡伯氏によると、一存は自らを細川氏綱の被官と位置づけ、義父九条稙通との関係を形成することで、畿内の荘園を押領したという。氏綱からは松田守興《もりおき》と福家《ふけ》長顕《ながあき》を、九条家からも稙通の出奔に同行した矢野以清を与力として付けられた。一存は十河氏が本来は細川京兆家の内衆であるという家格を利用して、氏綱の直臣として振る舞ったのであろう。

一存の死後、義継が跡を継いだが、長慶の後継者となったため、実休の次男義堅が十河氏を継いだ。

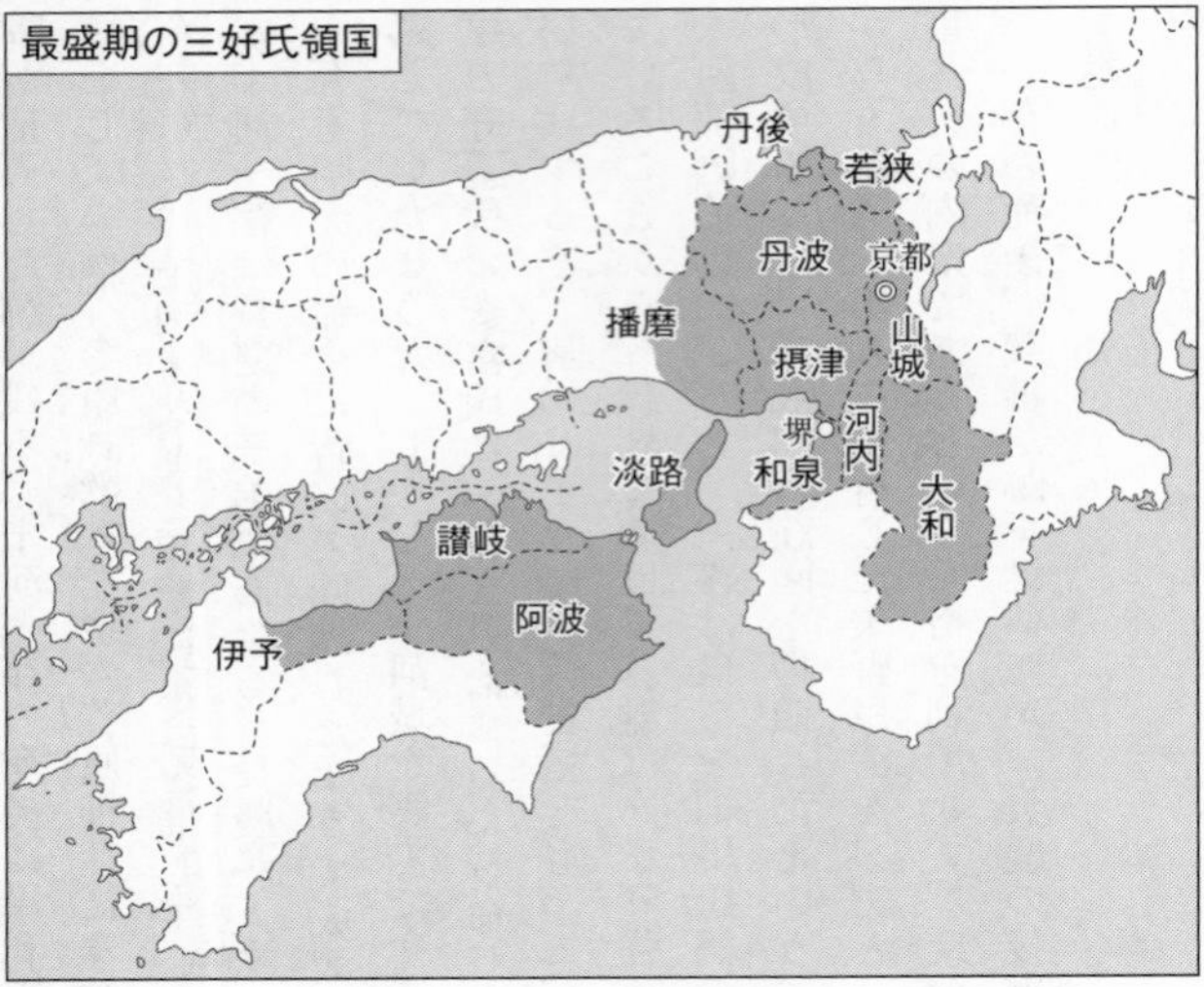

最盛期の三好氏領国

領国の構造

最盛期の三好氏領国は、大阪湾を挟んで近畿側の摂津・山城・河内・和泉・大和・丹波・淡路・播磨東部と、四国側の阿波・讃岐・伊予東部に及んだ。

このうち近畿の支配を担当したのが三好本宗家で、その家督は長慶から嫡男の義興、そして甥の義継に受け継がれていった。三好長逸と松永久秀が宿老として政務全般を管掌し、鳥養貞長や野間長久、石成友通といった直臣たちに支えられていた。直轄する摂津と山城、河内北部には、京都や堺、西宮、兵庫津だけでなく、法華宗系寺内町が形成された尼崎や、浄土真宗系寺内町の本山である大坂が含まれ、淀川水系と大和川《やまとがわ》水系が広がっている。当初、松永久秀が滝山城に入り西辺を守っていたが、後に大和へ移り、伊勢や伊賀に圧力を加えた。そして、長慶の後見を受けた久秀の弟の内藤宗勝が、丹波より若狭や丹後へ進み、十河一存やその次男の松浦孫八郎が和泉で、根来寺に備えていた。一存の死後は淡路海賊を統括する安宅冬康が岸和田城に入っている。

四国と河内南部の支配を担ったのは、別家として創出された阿波三好家で、実休から嫡男の長治、その弟の義堅に継承されていった。四国では篠原長房、河内南部では三好康長・三好盛政・矢野虎村らを宿老としていた。直轄したのは、阿波北部や讃岐東部、淡路南部で、伊予の河野氏や村上《むらかみ》海賊と結んで毛利氏を牽制し、三好本宗家を支えた。

三好氏領国の周縁部には、摂津の有馬《ありま》氏や播磨の別所氏、若狭の逸見氏、丹後の加佐郡衆など味方する国人が存在していた。さらに伊予の石川通清《いしかわみちきよ》は長慶の娘婿（『予章記』）、大和から伊勢に勢力を持つ秋山《あきやま》藤次郎も三好氏の婿（『勢州軍記』）と称している。

阿波の南部や西部を拠点とする有持《ありもち》氏・一宮氏・海部氏・大西氏は、江戸時代に作成された系図では元長の妹（『三好系図』）、もしくは長慶の妹（『三好別記』『小笠原家三好家系図』）とされている。事実かどうか不明であるが、彼らは吉野川沿いの領主のように三好氏の直臣とはならず、独立性が高い領主であった。またいくつかの系図類には、長慶の四弟として、野口冬長《ふゆなが》が記されているが、一次史料では存在が確認されていない。

第五章　栄光と挫折
——三好義継・長治と足利義昭

1　三好本宗家の分裂

永禄の変

永禄八年（一五六五）五月一日、三好義継は、三好長逸《ながやす》や松永久通をはじめ一万余の兵を率いて上洛した。そして、十九日の白昼に将軍御所を包囲し、義輝とその弟の鹿苑院周暠《しゅうこう》、母の慶寿院、側近の進士晴舎《しんじはるいえ》らを討ち取った（永禄の変）。二十一日に参内した三好長逸に、正親町《おおぎまち》天皇が天盃を下賜し、義継の行動を公認すると、翌日には将軍直臣も義継に従い、事態は収束した。ただ二十四日に義輝の側室で進士晴舎の娘であった小侍従局《こじじゅうのつぼね》が近衛一族の久我《こが》家に潜んでいたところ、義輝方の財物を押収しに来た松山重治に見つかり、殺害されている。

三好義継画像（模本）　京都市立芸術大学
芸術資料館所蔵

朝倉氏が上杉氏に伝えたところによると、義継らは訴訟と号して、義輝を門外に呼び出すと、軍勢が御殿へ討ち入ったので、義輝は刀を振るって戦い切腹したという。鹿苑院周暠は路次で殺され、慶寿院は自害した。イエズス会宣教師ルイス・フロイスは、義継らは小侍従局や側近衆の殺害を訴えたため、進士晴舎が取次を拒否して自害したので、義継が交渉決裂と判断し襲撃したとする。織田信長の被官であった太田牛一は、三好義継は義輝が「御謀反」を企てたと主張し、将軍御所に攻め入ったと記す。

このため、康暦《こうりゃく》の政変（一三七九年）や文正の政変（一四六六年）など、将軍御所を大軍で包囲して、将軍の寵を得て、幕政を担当した者の排除を求める御所巻《ごしょまき》と捉える見方がある。ただ、反三好の急先鋒であった上野信孝は二年前に死去しており、義輝が政所《まんどころ》執事に登用した寵臣の摂津晴門は殺されていない。外戚の近衛一族も慶寿院が自害したのみで、義輝の正室は保護されている。そうすると、義継が排除したかったのは、進士晴舎ということになるが、両者が対立していた形跡はない。従来の政変でも、将軍が自らの命を賭《と》して寵臣を守ることはなく、一時的に罷免《ひめん》して後に復権させている。

もちろん、御所巻をした方がうっかり将軍を殺してしまったことはなく、足利義稙《よしたね》や足利義維《よしつな》は捕虜となっており、義輝を生かして捕らえることもできたであろう。義継が訴訟と号したのは表向きで、当初から義輝を討つことが目的であったと考えられる。

では、なぜ義輝を討ちたかったのか。明応の政変（一四九三年）から半世紀近く、義澄流と義稙流の二つの将軍家が戦争の原因となってきたことを踏まえ、義稙流に足利将軍家を統一するためであったとする見方がある。そうであれば、なぜ義維が阿波から渡海しないのであろうか。義維が畿内に渡海するのは一年半も後のことである。そもそも義晴と義維が対等な将軍と認められていなかったのは、堺公方時代に既に明らかであったからこそ、細川晴元も三好長慶も擁立しなかった。それでもあえて、義維を将軍に就けるつもりであれば、松永久秀も義輝の弟義昭を殺害するであろう。しかし、久秀は助命している。義継は義維を将軍に就けるつもりはなかった。

そうすると、義継の目的は、足利将軍家に取って代わることにあったと考えられる。教興寺の戦い以降、長慶と将軍義輝の対立は激化していた。かつて三好元長や長慶は将軍を追放するに止めたが、義継は近畿と四国を支配するだけでなく、家格も桐御紋を拝領し、九条家を外戚とするなど、長慶時代とは比べものにならないほど、三好氏の権力と権威は上昇していたのである。

その一方、義輝は将軍就任直後に従四位下、参議、左近衛権中将《さこんえごんのちゅうじょう》に叙任されて以後、約二十年間も全く昇進しなかった。義輝が将軍在任中、恒常的に在京できたのはわずか六年に過ぎない。改元や禁裏の修理を怠る一方、将軍御所の築城には熱心で、京都に重税を課した。正親町天皇にとって、義輝は私利私欲に溺《おぼ》れ、将軍としての責務を果たさず、天皇を蔑《ないがし》ろにする存在であった。そんな義輝は歴代将軍でただ一人、三位に昇進できず、公卿扱いされていなかったのである。貴公子の義継にとって、義輝に貴種性や将軍としての権威を感じなかったのは当然であろう。

また、義継の家督継承に際して、長慶が安宅《あたぎ》冬康を殺害するなど、三好一族の結束にひびが入りつつあった。義継は初陣として将軍義輝を討つことで、三好本宗家の家督にふさわしい存在であることを示す必要があったのである。

ただ、諸大名の家格意識をよく知る久秀にすれば、将軍を殺せば全て解決できるという義継の安易な発想には賛同できなかった。そうであるからこそ、久秀は、諸大名が将軍家と認める義澄流の義昭を将軍候補者として、庇護下に置いたのである。

なお、永禄の変は当時の文書では「三好・松永」の所行と記されており、遠国では三好長慶や松永久秀の仕業と理解されていた（『信長公記』『大かうさまくんきのうち』『北条五代記』）。

三好氏包囲網

永禄八年（一五六五）六月になると、足利将軍家の重宝である御小袖《おんこそで》という鎧《よろい》を収めた唐《から》櫃《びつ》が鳴動し、歴代将軍に危機を知らせてきたが、義輝は用心しなかったと、その不覚悟を嘆く雑談が、山科言継と将軍直臣の大和《やまと》晴完の間で交わされている。既に京都の世論は義輝の批判へと転じていた。

一方、同月には畠山高政から家督を継いだ秋高が、上杉謙信に足利将軍家の再興を呼びかけた。武家の棟梁である義輝が討たれたのは無念と、弔い合戦を訴えた。また、教興寺の戦い後は越前に亡命していた義輝の伯父の大覚寺義俊も率兵上洛を促し、上杉氏と畠山氏による挟撃を目論んでいたのである。織田信長、朝倉義景、武田義統《よしむね》など、親義輝の大名たちを糾合し、三好氏包囲網を形成しようとしていた。

平時には薄らいでいた将軍への意識が、永禄改元を超える足利将軍家の存亡の危機に際して、再び喚起されたのである。しかし、上杉氏は武田氏や北条氏、本願寺と対立しており、織田氏も三好氏と同盟した美濃一色氏にたびたび撃退されていた。教興寺の戦いの際には同盟していた六角氏は家中の内紛であてにならなかった。

ところが、事態は急展開する。七月下旬に、朝倉義景が松永久秀に調略をめぐらした結果、久秀の監視下にあった足利義昭が和田《わだ》（滋賀県甲賀市）に逃れたのである。大覚寺義俊が越前から奈良に乗り込んで、脱出の手引きをした。義俊は「公儀御家督」が定まったと喜ぶだけでなく、八月二日に丹波国人の荻野直正が久秀の弟内藤宗勝《そうしょう》を討ち取ったという情報まで上杉氏に伝えている。

これにより、波多野氏や柳本氏など丹波衆が京都をうかがい、大和でも秋山氏らが多武峯《とうのみね》（現在の談山《たんざん》神社）と結んで挙兵した。これを見た義昭は上洛を目指して、十一月二十一日には矢島《やじま》（滋賀県守山市）にまで兵を進めたのである。

朝廷公認の将軍後継者

三好長慶は足利義輝を朽木に追放した際、後奈良天皇と蜜月関係を築いた。この先例に倣い、三好本宗家の三好長逸と宗渭《そうい》が、阿波三好家の三好康長といった宿老たちと堺で内談し、禁裏の修理費用を献上するので、三好義継と松永久秀・久通親子に命じてほしいと朝廷に申し入れ、永禄八年（一五六五）七月に正親町天皇に認められたのである。

正親町天皇はこの時、誠仁《さねひと》親王の元服費用の献納も求めており、三好氏が天皇に勤仕することで自己正当化に努める一方、天皇も三好氏を積極的に利用しようとしていた。

しかし、久秀が足利義昭を取り逃がして、三好氏包囲網に大義名分を与えてしまい、内藤宗勝が討死して丹波を失うなど、三好氏は窮地に追い込まれた。しかし、それでも、足利義継を擁するという方向に向かわず、むしろ過激化していくのである。

久秀は義昭が将軍になる前に手を打ち、義継の正統性を確保しようとした。義輝の死後、足利将軍家重代の家宝である御小袖の唐櫃が朝廷に預けられていたが、十月二十六日に久秀と広橋国光が申請し下賜された。足利将軍家は御小袖を源義家《よしいえ》以来相伝の鎧と喧伝し、自らを源氏の嫡流と主張してきた。そして、室町幕府が朝敵を追討する際、天皇による治罰《じばつ》の綸《りん》旨《じ》の発給と錦《にしき》の御旗《みはた》の付与、将軍の御小袖の着用という一定の様式が整えられることで、御小袖は幕府軍を北朝の軍隊と位置づける象徴としての役割を果たす。また、足利義稙は日野富子から御小袖を取り上げて将軍に就任し、足利義澄も明応の政変で義稙から奪取するなど、足利将軍家の家督を象徴する存在でもあった。このように神聖視され、受け継がれてきた御小袖の唐櫃を、正親町天皇が義継に下賜したことで、義継を足利将軍家の継承者として認める方針を示したのである。

さらに、正親町天皇は十二月十一日に、関白近衛前久《さきひさ》に内々に改元を諮っている。義継による費用負担を頼んでのことであろう。ところが、この時、三好氏では内紛が始まっていたのである。

三好三人衆の成立

永禄八年（一五六五）十月二十六日、石成《いわなり》友通は松永久秀を失脚させるため、大和国人の井戸良弘《いどよしひろ》を調略していた。丹波の東半分は確保していること、三好一族である池田長正の子勝正《かつまさ》や安宅冬康の子神太郎も出陣すること、三好長逸や三好宗渭の身上に別儀がないことなど情勢を伝える中で、久秀と敵対する筒井順慶とも結んだと伝えている（「柳生文書」）。

久秀を排斥する下準備を進めた長逸・宗渭・友通は、三好康長と打ち合わせた上で、十一月十五日に軍勢を率いて飯盛城に入り、義継側近の長 松軒淳世《ちょうしょうけんじゅんせい》と金山長信《かなやまながのぶ》を殺害すると、義継に久秀を見放すよう迫ったのである。こうして、久秀・久通親子が失脚し、三好三人衆が三好本宗家を主導する体制が成立した。これこそが御所巻である。

三人衆という呼称はこの頃が初見で、友通が松永氏を排斥し、その地位を継承して成立したのが、三好三人衆だったのである。ここに三好本宗家の分裂は決定的となった。俗説では、長慶の在世中から、久秀は奸臣で専横な振る舞いがあったので、三好三人衆に排除されたとされている。ところが、一次史料では、久秀が三好氏を壟断《ろうだん》した証拠はない。また三人衆が成立したのは、久秀が失脚した後のことであり、長慶時代には長逸と久秀の間に対立点は見えない。つまり、久秀が排斥された原因は、久秀が足利義昭を取り逃がし、三好氏包囲網に大義名分を与えたこと、内藤宗勝が討死し丹波を失ったことである。久秀はこのような相次ぐ失態の責任を問われ失脚した。

　三好三人衆のうち、長逸は松永久秀とともに三好長慶を支えてきた宿老である。

　それに対し、宗渭は元長・長慶親子に敵対した三好宗三《そうさん》の子である。長らく政康《まさやす》とされてきたが、一次史料で確認できずそれは誤りである。永禄九年（一五六六）と比定される三月十五日付の三好長逸と三好宗渭の連署状の裏書《うらがき》に「三好下野守従五位下源政康入道宗渭　号釣閑斎《ちょうかんさい》」（「勧修寺《かじゅうじ》文書」）とあるが、これは後世に整理された際に記されたもので、従五位下に任官した宗渭の弟為三《いさん》と混同している点からも事実ではない。政康の名は「細川両家記」の傍注の誤りが『群書類従《ぐんしょるいじゅう》』に掲載されたことから、広く知られるようになった。

　宗渭は長慶の死去に伴い出家したようだが、その頃より地位が向上し、長逸と同格になる。澄元流細川氏を支持してきた被官や国人たちの代表として、存在感が増したようだ。

　三好三人衆と呼ばれながら、三好一族ではないのが石成友通である。その出自は不明な点が多い。永正十三年（一五一六）に荘園代官の「岩成」が東寺《とうじ》領の西九条（京都市南区）を押領しているが、享禄元年（一五二八）に三好元長の被官塩田胤光より領地を与えられた。この事例を除くと、一次史料で「岩成」と記されることはほぼない。

友通が長慶の被官として現れるのは、天文十九年（一五五〇）の北野社の大工職をめぐる訴訟を担当した時である。その後も北野社の取次を務め、松永久秀らと芥川城に在城した。天文二十二年に松山重治らと丹波攻めに出陣して以降、京都での義輝との戦い、大和侵攻、教興寺の戦いに参加した。長慶の病状を大和の久秀に連絡しているので、信頼は厚かった。津田宗達の茶会に出席しており、その経歴は久秀に近い。

すなわち、長逸は長慶以来の被官を率い、宗渭は長慶に敵対した経験を持つ旧晴元被官をまとめ、友通は畿内出身の新参の被官を久秀に代わって代表する立場であった。

久秀の支持基盤と戦略

畿内で孤立した松永久秀は、畠山秋高と同盟し、助命した足利義昭と結んだ。さらに義継の弟の松浦《まつら》孫八郎も味方につけ、三好三人衆に対抗していく。そもそも、久秀は義昭にとって命の恩人で障害はなかった。

また、三好本宗家の内部にも、久秀を支持する者たちが多かった。被官たちが在城する摂津の滝山城や、甥の松永孫六が籠る丹波の八上城、妹が嫁いだ野間長久の子康久やその義兄弟の池田教正の守る越水城などはもちろんのこと、細川氏綱の被官から久秀の与力となった今村氏や西岡《にしのおか》国人の拠点であった勝龍寺《しょうりゅうじ》城（京都府長岡京市）、同様の経歴を持つ小泉《こいずみ》氏の西院城、氏綱死後も多羅尾綱知が守った淀城、氏綱の弟藤賢が在城する堀城（大阪市淀川区）など、氏綱の人脈が久秀を推していたのである。藤賢が細川京兆家の家督を主張することはなかったようだが、三好三人衆には澄元流の細川昭元が味方していた。三人衆方と松永方の対立は、澄元流と高国流の細川氏の対立を引きずる側面もあったようだ。

そして、久秀を排除したはずの三好三人衆が、飯盛城や芥川城という三好氏の本城や京都を確保しているのみとなった。義昭はこうした状況を見逃さず、永禄九年（一五六六）四月には次期将軍が就任する嘉例であった従五位下左馬頭に任官する。

畿内では、三好三人衆が堺や八上城を攻略する一方、久秀も芥川城を奪取した。両者の戦いは拮抗《きっこう》していたが、五月末に久秀が河内で連敗し行方《ゆくえ》知れずの状況となった。このため、六月には松永方で織田信長からの援軍も籠る筒井城が開城している。

こうした松永方の苦境に追い打ちをかけたのが、阿波三好家の参戦である。阿波三好家の宿老である篠原長房は六月十一日に兵庫津に渡海すると、三人衆方に味方して、八月までに畿内を平定してしまった。

義昭も黙っていた訳ではない。若狭武田氏や大和十市《とおち》氏に信長が出陣予定だと告げて、軍勢催促を行い、伊賀の仁木長頼《ながより》には松永方の勝龍寺城への加勢を承諾させている。義昭の上洛作戦は、畿内の松永久秀や畠山秋高、東海の仁木長頼と織田信長、北陸の武田義統など、畿内近国の諸大名と結んで企図されたものであった。

しかし、それは三好三人衆と篠原長房によって打ち破られてしまった。失意の義昭は九月に敦賀《つるが》(福井県敦賀市)に逃れ、朝倉義景に庇護を求めた。その義昭と入れ替わって、九月二十三日に足利義維・義栄親子が阿波より渡海し、越水城に入城する。三好長逸が淀城を接収し、石成友通が勝龍寺城に入城した。

2 阿波三好家の足利義栄擁立

篠原長房と足利義栄

永禄八年(一五六五)末より始まった三好本宗家の内紛で、三好三人衆が勝利を収める決定的要因となったのが、阿波三好家の宿老である篠原長房であった。永禄九年六月、既に出家していた足利義維に代わり、足利義栄が淡路の志知に進んで、四国一円に軍勢催促を行い、その先陣として長房が渡海する。

ここで重要なのは、長房が足利将軍家の後継者たらんとする三好義継の構想に賛同して、義継を擁する三好三人衆方に加わったのではなく、足利義昭と結んだ松永久秀を抹殺し、義栄を将軍に擁立するために参戦したことである。そもそも阿波守護家の被官を出自とする篠原氏にとって、細川氏之がかつて堺に擁立し、長く阿波で庇護してきた義維や義栄を将軍に就けたいと考えるのは当然であろう。

日本最大級の大名である三好氏には、様々な思惑を持つ勢力が存在しており、義継の構想に統一されていなかった。指導者が盤石であれば、小異を捨てて大同につかせることができるのだが、義継が指導力を発揮するには若過ぎ、分家から本宗家に入って、あまりにも時間がなさすぎた。

七月になると、畠山秋高や根来寺、松浦孫八郎は、劣勢の久秀を見限って和睦を求めた。そうした中、足利義継と子の義栄・義助《よしすけ》兄弟が九月に越水城に渡海した。義栄は十二月に富田《とんだ》（大阪府高槻市）に居を移し、従五位下に叙せられると、「とんた（富田）のふけ（武家）」と呼ばれるようになり、永禄十年（一五六七）正月には左馬頭に任じられ、義昭に並んだ。二月二十一日には山科言継が義栄の将軍宣下を担当するよう内々に打診されており、義昭との立場は完全に逆転した。

篠原長房が擁立する義栄の将軍就任は目前に迫っていたが、それは、自ら将軍の継承者たらんとした三好義継との間に、大きな亀裂を作り出していく。

そして、永禄十年（一五六七）二月、義継は突如出奔した挙句、没落したはずの松永久秀と結んだ。両者を仲介したのは、義継の側近の金山信貞《のぶさだ》であった。すぐに義継は、三好三人衆の悪逆無道は前代未聞と非難し、久秀こそが大忠であるので見捨てることはできないと宣言して、山城や大和の国人に味方するよう求めている。そもそも義継は三好三人衆らに迫られて、久秀をやむなく排除しただけで、個人的な遺恨はなかった。

同年三月、阿波三好家の当主である三好長治が、父実休の七回忌を名目に畿内に渡海した。長治はあわよくば三好本宗家の当主となり、両三好家を統合する目論見だったようで、阿波守護家の宿老たちもそれを後押しした。阿波三好家と三好本宗家の力関係は、大きく変わりつつあった。

しかし結局、三好三人衆の三好長逸・三好宗渭・石成友通が三好本宗家を代表し、渡海した篠原長房と高屋衆の三好康長・三好盛政・矢野虎村が阿波三好家を代表する形で集団指導体制を形成し、畿内を支配していくことになる。

足利義栄の将軍就任

永禄十年(一五六七)、三好義継の離反によって、足利義栄の将軍就任に向けた計画は修正を余儀なくされた。しかし、義栄は事実上の将軍として振る舞い始める。五月に石清水八幡宮寺の社務職を田中長清《ちょうせい》から新善法寺《しんぜんぼうじ》照清《しょうせい》に替えようとしたのである。これは将軍の代替わりの際、社務職も交替するのが慣例となっていたためであるが、義栄は朝廷の制止を押し切り、照清への補任を強行した。

八月に美濃を平定した織田信長に励まされた松永久秀は、十月十日に東大寺に陣取る三好三人衆や筒井順慶を夜襲で破っている。十二月には信長が大和や山城の国人に久秀・久通親子を支援するよう訴えたが、義継や久秀はいまだ劣勢であった。

義栄は十一月に将軍宣下を請うも拒否されてしまうが、翌月には妹を誠仁親王に嫁がせるという前例がない奇策を提案し、膠着した交渉を打開しようとしていた。また、足利義輝が起用した摂津晴門に、世襲してきた政所執事を奪われた伊勢貞為《さだため》を復権させるなど、側近の整備も進めていく。その結果、永禄十一年（一五六八）二月八日に、義栄は義輝と同じく在国のまま、将軍に任官したのである。

これに対して、足利義昭も四月に朝倉義景を管領の代わりとして加冠役を務めさせて元服するなど、義栄に対抗する姿勢を示した。

そうした中、三好長逸は信長との交渉を試みており、義栄を推戴する篠原長房との間には大きな温度差ができていたことをうかがわせる。

とにもかくにも、五月になると、三好三人衆と高屋衆は筒井順慶とともに奈良へ進み、松永久秀を窮地に追い込む。

義栄の攻勢に対して、義昭はついに朝倉義景を見限り、信長を頼ったことで事態は大きく動き始める。八月に信長は六角義賢《よしかた》を誘ったが、人質を要求された義賢はこれを拒否した。三好三人衆は義賢と結ぶことに成功する。

そして、ついに九月七日、信長は美濃を出陣し、近江に攻め入った。従来は信長の快進撃が賛美されてきたが、実際はそう簡単ではない。義賢はかつて二度の将軍親征を退けた時と同様に、観音寺城《かんのんじ》（滋賀県近江八幡市）を早々に捨て、近江南部で得意の持久戦を展開していく。その一方、三好三人衆も久秀を抑えるために、京都の防衛から三好宗渭と香西元成《もとぶと》を割いて、木津《きづ》（京都府木津川市）に派遣せねばならなかった。さらに、瀬戸内では本太城（岡山県倉敷市）をめぐって、三好長治被官の香西又五郎が毛利元就や村上武吉《たけよし》（村上海賊の頭領）と戦っている。この報は久秀を通じて義昭に伝えられ、義昭が武吉らの軍功を賞していることから、義昭の上洛作戦の一環として位置づけられる。

義昭の上洛とは、織田信長・松永久秀・三好義継・畠山秋高・村上武吉・毛利元就が結集し、義栄を擁する三好三人衆や篠原長房、筒井順慶に対する広範な包囲網を周到に作り上げた結果であった。その上、将軍義栄が病で九月三十日に死去する状況では、義栄に執心する長房の軍勢の士気が上がるはずもなかった。

3　織田信長との戦い

将軍義昭の義弟義継

永禄十一年（一五六八）九月二十六日、織田信長は洛中に入ることなく、石成友通が守る勝龍寺城を攻撃してこれを破った。これを受け、三好長逸と細川昭元は芥川城を、篠原長房も越水城を退去する。そして、足利義昭と信長は三十日に芥川城への入城を果たす。義昭と信長が上洛よりも優先したのは、三好長慶が本城とした芥川城に入ることと、将軍義栄が居所とした富田の寺外を焼くことであった。これにより、信長は三好氏の地位を継承し、義栄の幕府が崩壊したことを世間に喧伝《けんでん》する。

ただ、三好三人衆や篠原長房は、かつて足利義輝と奪い合った東山の城郭に布陣しておらず、当初より信長と戦うことなど考えていなかったようだ。三人衆や長房の軍勢が無傷で温存されたことが、その後の争乱の原因となっていく。三好三人衆と信長の戦いはこれから始まるのである。

三好三人衆の東進を防いだ功労者の松永久秀は、九月二十八日に広橋保子との間に生まれた娘を、祝言と号して信長に遣わしており、信長の息子信忠《のぶただ》と縁組みし、同盟を強化しようとしていた。十月四日には、久秀が芥川城に赴き、義昭と信長に対面する。この時、付藻茄子《つくもなす》の唐物茶入《からものちゃいれ》を信長に贈り、義昭と信長は久秀に大和を安堵した。これをもって、従来は久秀が信長に降伏し臣従したとされてきた。しかし、前述した通り、両者は既に同盟していた。久秀の娘と信長の息子の婚姻が進んでいることを踏まえれば、茶器を贈ったのは服従の証などではなく、贈答の一環に過ぎない。そもそも、義昭と信長は誰彼かまわず降伏を認めた訳ではなく、久秀の宿敵である筒井順慶らの降伏を許さなかった。

義昭は、芥川城に十月十四日まで滞在した後、上洛して将軍に任官した。奈良を脱出した時から側近として尽力してきた和田惟政《わだこれまさ》には、芥川城と摂津が与えられた。信長は近江南部を支配下に置く。三好義継は飯盛城を回復すると、河内北部および摂津の闕郡《かけのこおり》を支配し、久秀は大和一国を領した。ただ、摂津や京都を失った義継にとって、大阪平野を睥睨《へいげい》する飯盛城は不要であったようで、翌年には平野部の若江《わかえ》城（大阪府東大阪市）に居城を移している。また、畠山秋高も高屋城に復帰した。

そして、義昭は信長を准管領の待遇とし、自筆の文書で桐御紋を下賜している。これは義昭が元服の際に管領代《かんれいだい》とした朝倉義景や、政所執事伊勢貞孝の文書によって桐御紋を免許された三好長慶・松永久秀を上回る厚遇である。信長もかつて義継や久秀が命じられた誠仁親王の元服費用を調進しており、義継や久秀より格上であるという強烈な意識があったことは間違いない。

ただ一方で、翌年三月、義昭は妹を義継に嫁がせている。将軍の姉や妹が大名に嫁すことは、武田義統しか前例がない破格の厚遇であり、義継に相当な配慮をしていた。

すなわち、将軍義昭は信長だけに支えられていたのではなく、義継や久秀も有力な構成員とする連合政権であった。義継や久秀は信長に臣従した訳ではない。軍事力において信長の力は大きいが、基本的には対等な立場で義昭を推戴する関係にあったのである。

信長の義昭独占

永禄十二年（一五六九）正月五日、三好三人衆は将軍義昭のいる本国寺（京都市下京区）を急襲した。三人衆方には、小笠原貞慶や信長に美濃を追われた一色義紀《よしのり》（義龍の子）も加わっていた。三好三人衆は会戦を避け、自軍を温存しながら、相手に消耗戦を強いる作戦を採っていたため、三好義継らが義昭の救援に駆け付けると、兵をまとめて引き揚げている。

三好三人衆が洛中にまで攻め込んだことは、義昭や信長に大きな衝撃を与えた。同月中に信長は殿中《でんちゅう》掟《おきて》九か条および追加七か条を定め、義昭の側近が寺社や公家の領地を押領することを禁じ、公正な裁判を義昭に求めている。流浪時代から義昭に従っていた側近は上洛を果たすと、京都や近郊の荘園を押領し、寺社や公家の反発を買っていた。信長は義昭にそれを戒める一方、三好三人衆の来襲に備え、二条城《にじょう》(京都市上京区)の築城を開始した。

義昭も毛利元就と大友宗麟に和睦を促し、三好氏討伐を命じた。そこで、義昭が元就の次男吉川元春《きっかわもとはる》に本国寺の戦いの勝利を伝える際、取り次いだのは松永久秀であった。また、二月から三月にかけて、三人衆方に味方した地域に進駐したのは、義昭・信長・義継・久秀の連合軍であった。これらからも、義昭が信長だけに依存している訳ではないことがわかる。

一方の三好三人衆は阿波に退去したが、三好宗渭が五月に死去し、弟の為三が跡を継ぐ。翌月になると篠原長房は、宗麟が義昭の命じる元就との和睦に応じず、逆に備前の浦上宗景や出雲の尼子勝久と元就を挟撃しようとしていたことから、毛利氏包囲網に加わるべく讃岐に出陣した。

八月には信長が三好三人衆や朝倉義景を攻めるという噂が流れた。実際、信長は翌月に、三好長慶に父の冬康を殺された安宅神太郎に堺南庄を与える約束で寝返らせている。また、管領斯波氏の後継者を自認する信長と義景の関係も、修復不可能なものとなっていた。三好三人衆は朝倉氏や本願寺と連携し、攻め上ってくるだろうと京都の人々を恐怖させていた。

そして、永禄十三年(一五七〇)正月二十三日、信長は幕臣の明智光秀《あけちみつひで》らに宛てた五か条の条書《じょうしょ》と諸大名や国人に宛てた触状《ふれじょう》を発給する。条書では、将軍義昭に側近ばかり偏愛することを再び戒め、義輝を見習わず朝廷に勤仕するよう求めた。また、義昭が発給する文書は信長が取り次ぐことや、畿内のことなどは信長に任されたのだから、他の人は義昭の命令をうけたまわることはできないことを確認させ、義昭に黒印《こくいん》を押させている。

その触状では禁裏の修理や義昭の御用、畿内の平和維持のため、概ね越中・甲斐・遠江《とおとうみ》から因幡・備前までの大名や国人本人または代理に上洛を求めた。

注目すべきは、五か条の条書で、信長のみが義昭の命令をうけたまわるとして、それまで同僚であった三好義継や松永久秀、畠山秋高に命令する立場に立ったことである。織田氏・三好氏・松永氏・畠山氏など有力大名の連合体制から、一挙に信長が単独で義昭を支える体制に変質した。こうした信長の構想に、朝倉義景は反発し幕府に参画しなかったのであろう。

触状においても、信長の志向が反映されている。上洛を命じた大名に「殿」を付けているのは、北畠具教・徳川家康・姉小路嗣頼《あねがこうじつぐより》・畠山秋高・三好義継・一色義道《よしみち》・京極高吉《たかよし》のみである。従来の家格に従ったように見えるが、娘の嫁ぎ先である徳川氏を優遇しようとする独自性も見える。その一方で、妹の嫁ぎ先である浅井長政《あざいながまさ》や息子信忠の義父となる松永久秀には「殿」は付けていない。長政は京極高吉の従属国衆に、久秀は義継の宿老に位置づけるなど、軽視する姿勢を示した。

信長は将軍義昭を規制しようとしていたのではなく、上洛に至るまでの同盟関係を清算し、義継や久秀らを自らの命令に従うべき下位の存在として位置づけ直すことで、義昭との関係を独占しようとしていたのである。

三好三人衆の義昭包囲網

永禄十三年(一五七〇)四月二十日、三好義継や松永久秀らは、若狭武田氏被官の武藤友益《むとうともます》を成敗すると称する織田信長に従い出陣した。二十三日、正親町天皇は将軍義昭が求めていた改元をようやく聞き入れ、かつて将軍義輝を無視して決めた永禄から元亀《げんき》へと年号が改められた。正親町天皇も将軍義昭を公認したかに見えたが、この時既に三好三人衆の反攻は始まっていた。二月には三好方の堺奉行加地久勝《ひさかつ》が大坂本願寺と接触し、四月には石成友通と三好為三が渡海して、大和の西大寺《さいだいじ》と贈り物を交わしていたのである。そうとも知らず、信長は朝倉義景を攻めるため越前にまで攻め入ったので、三好三人衆と結ぶ六角義賢までも近江で挙兵した。さらに親六角路線の浅井久政《ひさまさ》が、親織田路線で失敗した息子長政に代わって実権を握り、信長の挟撃に動く。

三好三人衆は六月に堺に渡海すると、翌月には大坂の西側の野田《のだ》・福島《ふくしま》(大阪市福島区)に陣を移した。三人衆方の上洛に備え、東福寺《とうふくじ》は三好義堅より禁制を獲得し、上洛の通路にあたる大山崎も、三好長逸・石成友通・塩田長隆《ながたか》・奈良長高・加地久勝・三好為三より、以前の禁制に相違ないという連署状を八月二日付で得た。三人衆方には、高屋衆や細川昭元、美濃の一色義紀、信濃の小笠原貞慶、紀伊の雑賀孫市《さいかまごいち》、さらには前関白近衛前久までも加わり、一大勢力となっていた。

ただ、信長も三好三人衆方が寄せ集めであることを喝破し、三好為三・香西元成・塩田氏・和久宗是《わくそうぜ》に調略を仕掛け、八月三十日に離反させている。九月十二日には、義昭も出陣して信長と合流すると総攻撃を開始した。

ところが、その夜、本願寺が突如信長に夜襲をかけたのである。苦境に陥った信長は、二十日に三好為三に摂津の豊島《てしま》郡を与えて三人衆方に備えさせると撤兵した。尼崎に着陣した三好長治・篠原長房・細川真之は、十月一日に本願寺顕如と誓約書を交わすが、長房は本願寺蓮如《れんにょ》の孫にあたる摂津富田の教行寺《きょうぎょうじ》兼詮の娘を妻とする関係にあった。

三好三人衆方の軍勢は三万を超え、摂津を平定すると、近江で蜂起した一向一揆を勇気づけた。しかも、長房は浦上宗景と同盟し、毛利元就への備えも怠っていなかった。こうして、三好三人衆・阿波三好家・本願寺・延暦寺・六角氏・浅井氏・朝倉氏・若狭武田氏・備前浦上氏は、義昭包囲網を完成させたのである。

もはや、義昭は和睦を求めるしかなかった。十一月十二日には久秀と本願寺が、三好三人衆や阿波三好家との交渉を開始する。三人衆や四国衆は十八日に義継の若江城に参会しているので、和睦に向けた流れはできていたようだ。二十一日には久秀の娘を信長の養女として長治に嫁がせることが決まり、その用意が整うまではその妹を人質として三人衆に遣わすことになった。十二月七日には長房から久秀に人質が遣わされ、和睦が成立する。

義昭の幕府は信長が仕切る体制に移行したが、信長が主導した朝倉氏や三好三人衆との戦いは失敗に終わった。逆に、三好長逸は以前から足利義栄と距離を置いていたが、その弟義助を擁することなく、将軍義昭や信長を追い詰め、将軍候補者など不要であることを示した。窮地の義昭を救ったのは、信長から排除された久秀であった。久秀は義昭や信長を救った功労者となった結果、皮肉なことに、信長との関係はますます薄まり、逆に三好長治を通じて三好一族となったのである。これにより、五年にわたる三好本宗家の分裂が解消され、新たな局面を迎えることになった。

義継と久秀の自立

元亀二年（一五七一）正月、三好長治は織田信長と和睦し阿波へ帰国するが、篠原長房・長重親子はそのまま讃岐に出陣した。長房は将軍義昭の許可を得たと称して、毛利元就を攻め、義昭と元就の関係に楔《くさび》を打ち込む。また、義昭は長治との和睦を進める裏で、長治が支配する伊予東部の新居《にい》郡と宇摩郡を、河野通直に返付すると二枚舌を弄していたので、通直に備える必要もあった。毛利氏包囲網に苦しみながら、元就は六月に死去した。長房はさらに阿波海賊の岡田《おかだ》権左衛門と讃岐の塩飽《しあく》海賊を派遣して、反毛利の村上武吉を支援する。元就の跡を継いだ孫の毛利輝元も三好氏に対抗するため、四国の河野通直や長宗我部元親、大友宗麟と争う肥前の龍造寺隆信《りゅうぞうじたかのぶ》と連携していき、戦争は西日本一帯を巻き込んでいった。

そして、畿内では、義昭幕府の存立を揺るがす事態が起こる。五月に松永久通が、畠山秋高や和田惟政と結んで敵対してきた安見右近を自害させると、久秀と一緒に、その居城である交野《かたの》城（大阪府交野市）を攻めたのである。これに連動して、三好三人衆が秋高の高屋城を攻撃し、三好義継がその後詰めに加わった。すなわち、義継と久秀・久通親子が三好三人衆と結んで、義昭から離反したのである。

前年の和睦により、三好本宗家の統一に向けた機運は高まっていた。それに対し、摂津を支配する和田惟政は三好三人衆に味方した池田一族をはじめ、摂津下郡を失い、秋高も高屋城の奪還を目指す阿波三好家の矢面に立たされていた。両者は和睦によって、自らの権益が犯される事態に直面し、和睦を成立させた久秀に反感を抱いていた。

また、六月には将軍義昭が九条家の娘を養女として筒井順慶に嫁がせ、味方に引き入れた。九条家や順慶との交渉期間を考えると、久秀の離反以前から準備されていたものであろう。義昭にとっては朝倉義景や三好三人衆に敗れた信長が頼りにならない以上、味方を増やすのは当然の措置であったが、久秀にとって宿敵の順慶など許容できるものではなかった。

結果的に、久秀は自らが尽力した和睦によって、幕府内に居場所を失い、本来の居場所である三好本宗家の統一を準備したのである。

従来は、元亀二年(一五七一)時点で義昭は既に信長と対立しており、武田信玄らと信長包囲網を形成し、久秀も信長に背いて加わったと理解されてきた。しかし、義昭と信長は対立しておらず、信玄も徳川家康の遠江に侵攻していない。そもそも、久秀は信長の被官ではなく、三好氏の存在が忘れられている。現在ではこのような理解は、事実認識レベルで間違っている。

三好氏再興

三好義継は、松永久秀と三好長逸を従え、三好本宗家の再興に向けて歩み始めた。

将軍義昭や織田信長もこうした動きを黙って見ていた訳ではない。元亀二年(一五七一)六月に信長は摂津の伊丹忠親《ただちか》へ榎並にある領地を三好為三と交換するように命じ、七月には義昭も為三に兄宗渭の遺産として安堵した。三好為三を義継に対抗させようとしていたのである。同月、篠原長房が渡海すると、義継・久秀・長逸は和田惟政の高槻城《たかつき》(大阪府高槻市)を攻め立てた。

ところが、大和では八月二日の辰市《たつのいち》(奈良市)の戦いで、久秀は筒井順慶に大敗し、筒井城を奪われてしまう。

　摂津では、三好方の池田一族が、八月二十八日に和田惟政を討ち取っている。これを見た久秀は高槻城を接収しようとしたが、信長もすかさず佐久間信盛を派遣し、双方が撤兵することで落着した。そこで久秀は順慶に敗れた失地回復を図り、十月には槇島《まきしま》城（京都府宇治市）・普賢寺《ふげんじ》（同府京田辺市）・木津を次々と攻撃し、山城南部を支配下に置こうとする。阿波守護家の三好康長は久秀を支援するため、奈良の留守を預かるなど、連携して軍事行動を展開した。

　また、義継は前関白近衛前久・信尹《のぶただ》親子を若江城で庇護していたが、長逸が前久に守口《もりぐち》（大阪府守口市）で三千石を与えるなど、公武の陣容を整えていく。

　義継と義昭・信長は畿内各地で激しい戦いを繰り広げる一方で、お互い調略にも勤《いそ》しんでいた。義昭と信長は、十二月に細川昭元を、元亀三年（一五七二）正月には石成友通を寝返らせることに成功する。この時、昭元は義昭より細川京兆家当主の象徴である右京大夫を与えられた。また、義昭は友通に山城国内で普賢寺など六か所の領地を与え、「山城郡司」に任じるよう信長に命令し、信長もそれを認めている。山城郡司の内容は不明であるが、友通が翌月にかつて赤沢朝経や薬師寺元一、細川氏綱が居城とした由緒を持つ淀城に入城することから、義昭や信長は山城上《かみ》三郡を友通に管轄させ、この地域に進出を図る松永久秀に対抗させようとしたのであろう。友通は畿内出身の被官代表という地位を久秀から奪って三好三人衆の一人となったが、久秀が復帰したことで競合関係にあった。

義継もすぐに反撃しており、四月には三好為三を帰参させ、細川昭元とも和睦した。摂津の伊丹忠親や和田惟政の子惟長《これなが》も味方につけ、久秀や長逸、為三と相談して義昭と決戦する覚悟を固めた(「誓願寺《せいがんじ》文書」)。これを受け、本願寺顕如も近江や紀伊の門徒を動員する。そして、義継と久秀は交野城を囲んだ。

四月十六日、義継は三好長治の弟の安宅神五郎《しんごろう》に仕える安宅監物丞《けんもつのじょう》に対して、淡路から渡海して参陣せよと命じ、詳細は松永久秀と三好長逸より伝えるとした(「刑部家文書」)。結局、この時は一大会戦にはならなかったが、八月に京都の妙心寺が義継の上洛に備え禁制を獲得しているので、義継の脅威は去らなかったようだ。

従来、義継は久秀の傀儡《かいらい》とされ、久秀が義昭や信長から離反したのは、忠誠心のかけらもない性格や野心のためと評価されてきた。しかし、義継時代の内紛と分裂の象徴であった三好三人衆は解消され、栄光の長慶時代のように久秀と長逸が当主を支える体制に回帰した。義継は久秀と長逸を率い、三好本宗家の再興を目指して、大阪平野を平定し、大和や山城のそれぞれ半国程度を勢力圏に収めるまでになっていたのである。

義継の誤算

元亀三年（一五七二）八月、三好義継・本願寺顕如・朝倉義景の包囲網に苦しむ将軍義昭は、武田信玄に織田信長と顕如の和睦を斡旋するよう命じた。しかし、信長は信玄と対立する徳川家康と同盟しており、受け入れられる話ではなかった。やがて信玄は遠江に侵入し、十二月に三方ヶ原《みかたがはら》（静岡県浜松市）で家康を破った。これを知った義継は、篠原長房を阿波より呼び寄せ、松永久秀も六角義賢と連携するなど、義昭と信長を挟撃する準備を整えていく。

元亀四年（七月に天正と改元、一五七三）正月頃、追い詰められた義昭と信長は決裂した。信長が義昭に十七か条の異見書を送って痛烈に批判すると、義昭は信長を見限って、義継や義景に挙兵の意思を伝え、毛利輝元や浦上宗景に参陣を促した。義昭は信長のみに支えられている状態から、武田信玄・三好義継・本願寺顕如・朝倉義景・毛利輝元・浦上宗景を構成員とする形に幕府を再編しようとしたのである。

義継は旗幟《きし》が定まらない細川昭元を追放し、久秀を上洛させることで義昭の求めに応じた。興福寺の大乗院《だいじょういん》尋憲《じんけん》は三月六日に久秀へ、畿内を平定し上洛したことに祝意を表しており、世間は三好氏の圧倒的優位と見ていた。

慌てた信長は義昭に人質を差し出して和睦を請い、義昭側近の上野秀政を君側の奸として成敗することで落着を図ろうとしたが、義昭の決意は翻らなかった。信長は三月二十五日に岐阜《ぎふ》を出陣すると、京都近郊の領主である明智光秀・細川藤孝《ふじたか》・荒木村重《あらきむらしげ》を味方につけ、四月七日には義昭を降伏させた。

この時、義継はどうして義昭に加勢しなかったのか。一つ目は、三好長逸の姿が二月以降見えず、死去したようなのである。二つ目は、信長に裏表がない人と信頼されていた石成友通までも、三好長慶の直臣であった諏訪《すわ》行成や三好長逸の元被官で織田方に降《くだ》っていた坂東《ばんどう》季秀《すえひで》を糾合して、義昭とともに挙兵したことである。久秀と友通は、山城南部をめぐって利害が競合する関係にあった。三つ目は、三好長治・義堅（当時は十河存康《まさやす》）兄弟が、信長と結ぼうとしていたのである。堺の義堅は信長に味方する条件として、義継が支配する河内北部と摂津闕郡を望んでいた。さらに五月には、長治が主戦派の篠原長房・長重親子を川島《かわしま》（徳島県吉野川市）で戦って滅ぼしている。長治は長房を討つ大義名分に苦しみ、阿波守護家の細川真之を担ぎ出し、伊沢右近大輔や篠原長秀など宿老の同意を得たと喧伝して、木屋《こや》平《だいら》氏ら国人を動員した（「木屋平松家家文書」）。長房が頻繁に渡海し、義継と連携する一方、長治は信長と和睦して以降、畿内に出兵することはなく、義継や長房との間に亀裂が生じていた。

結局、武田信玄が四月に病死したことで、信長を挟撃することはできなくなった。ところが、将軍義昭はこうした状況にもかかわらず、七月三日に槙島城で再び挙兵する。信長は十八日に槙島城を落とすと、義昭の子の義尋を人質に取り、義昭を義継のもとに放逐した。ここで信長は、前年より正親町天皇が要望するも、義昭が拒絶してきた改元に応え、二十八日に年号は天正と改まった。信長は義尋を擁することで、将軍家に対する謀反という批判を回避し、正親町天皇より義昭追放の正当性を認められたのである。

義昭の没落により、淀城の石成友通は孤立してしまった。八月二日、諏訪行成と坂東季秀が羽柴秀吉の調略によって寝返り、友通は細川藤孝に討ち取られた。山城一国を平定した信長は、八日に岐阜を出陣し朝倉義景を滅ぼしている。

若江城の戦い

元亀四年（一五七三）初頭、三好義継・朝倉義景・武田信玄陣営は圧倒的優勢を誇った。ところが、何の利害調整もなされないまま、将軍義昭が転がり込んできた結果、その連携は乱れ崩壊してしまった。毛利輝元が義昭と織田信長の和睦の仲介に乗り出すが、信長は義継との和睦を嫌ったようで、義昭は若江から堺へ移って交渉する。信長は義昭の帰洛を望んだが、義昭が信長に人質を要求したことで交渉は決裂した。面目を潰《つぶ》された輝元は怒り、義昭は由良《ゆら》（和歌山県由良町）へ遁走《とんそう》した。

そして、信長は細川昭元に妹を嫁がせて槙島城に入れ、義昭の子である義尋を擁して上洛する。輝元には翌年正月の挨拶《あいさつ》は義尋にするよう促すなど（「吉川家文書」）、義尋を足利将軍家の当主に据えて、幕府を再建する意向を示した。その上で、佐久間信盛らに義継を攻めるよう命じた。

義継は三好帯刀左衛門尉や三好弓介《きゅうすけ》（三好生長《なりなが》か）を、萱振《かやふり》寺内町に入れて要害化し、佐久間信盛や細川藤孝らの軍勢を迎え撃たせたが（『細川家譜』『松井家譜』）、二人は敗れて自害する。十一月十六日、越水衆であった池田教正と野間康久や細川氏綱被官であった多羅尾綱知が義継から離反し、義継側近の金山信貞を君側の奸として自害に追い込むと、信盛を若江城内に招き入れた。これを見た義継は切腹し（『信長公記』）、三好本宗家は滅亡した。信長は綱知や教正、康久の功績を認め、若江城を任せおく。

義継の滅亡により、久秀も信長に降伏を申し出た。十一月二十九日、信長は信盛に、久秀は山城の領地を引き渡すこと、久通は多聞山城を明け渡して久秀の信貴山城に移ること、久通の子春松を人質として差し出すことなどの条件を示した。そして、十二月に多聞山城を接収する。

同月、信長は毛利氏の使僧である安国寺恵瓊《あんこくじえけい》に、義継と距離を置いていた三好長治を許容しないとの意向を示す。輝元は元亀二年（一五七一）のように、自らの与《あず》り知らぬところで和睦が成立し、阿波三好家が再び山陽方面に出兵することを恐れていたのである。

滅亡した義継は、従来考えられていたような無能な傀儡ではなかった。甘い予測であったが、誰もが常識に囚われ成し得なかった将軍殺害という方法で、取って代わろうとした。その野望が潰《つい》えた後も、久秀を救い出し、義昭と結ぶ。そして、長逸を従えると、自立して、長慶以来の三好本宗家の再興に尽力している。

しかし、そうした義継の足を常に引っ張り続けたのは、一族や家臣団の不和であった。義継は、十河家から三好本宗家に入るが、長慶の十分な後見を受けることができず、自身に忠節を尽くす近習を育てる時間がなかった。義継が心を許せたのは、松永久秀・久通親子と、飯盛城で殺害された金山長信、若江城で討たれた金山信貞ぐらいであろうか。長慶が遺した家臣団は大きくなりすぎていた。義継への忠誠心はあったが、それぞれの利害関係もあった。友通は久秀の失態を追及して敵視し、久秀も権益が重なる友通を援護しなかった。三好長治・義堅兄弟も三好本宗家の家督を狙っており、義継は一族や家臣団の統制に苦しめられ続けたのである。

長慶・義興・義継の三代に仕え、主家を盛り立ててきた松永久秀は、天正二年（一五七四）十二月に剃髪《ていはつ》して「道意《どうい》」と号し、表舞台から姿を消した。

天正元年は激動の一年であったが、将軍義昭が信長を見限り、三好義継・本願寺顕如・朝倉義景・武田信玄を取り込んで幕府の再編成を目論んだのに対し、信長は義尋を推戴し、細川昭元・三好長治・三好義堅・毛利輝元を構成員とする新たな幕府の創設を目指した。そうした中、これまで義昭や信長と戦ってきた義継は、おいそれと双方に与《くみ》することはできず、長治も輝元の反対で最終的には信長に拒絶されてしまったのである。

4　三好本宗家の名跡争い

三好義堅の外交

紀伊に在国する将軍義昭の戦意は旺盛であった。天正二年（一五七四）四月、薩摩《さつま》の島津氏に対して、本願寺顕如をはじめ、河内の三好康長や阿波の三好長治が忠節を尽くしていると伝え、参陣を要請している。

また、武田信玄の跡を継いだ武田勝頼《かつより》は、遠江の高天神《たかてんじん》城（静岡県掛川市）を落とし、信玄の時代よりも領国を拡大した。そうした勝頼に呼応したのが、堺を拠点とする三好長治の弟義堅であった。八月十日、義堅は武田一族の穴山信君《あなやまのぶただ》に勝頼への取り成しを求め、武田勢が尾張や美濃へ攻め込むよう促し、自身も本願寺顕如や将軍義昭と連携し挟撃すると伝えている（「於曽家文書」）。三好氏と武田氏の同盟は、その後継者に継承された。この時、義堅が養家の十河姓ではなく、三好姓を称していたことが注目される。義堅は信長に義継の河内北部や摂津闕郡《かけのこおり》を望んだように、三好本宗家の継承を目論んでいた。

義継が一族や家臣団をまとめきれなかった一因が、このあたりにある。義継の母親が九条家の出身であったとはいえ、他姓である十河家の義継が三好本宗家を継ぐことに対する反発があった。阿波三好家としては、長治か義堅が三好本宗家を継ぐべきという思いがあったのだ。また、十河家の義継が本宗家を継いだ後、義堅が十河家を継いだが、義堅も義継を前例として、十河家家督から三好本宗家家督を望んだのである。

天正三年（一五七五）三月、上洛した信長は、大坂本願寺を攻めると称して軍勢を集めた。しかし、真の目的は三好氏であった。信長は四月八日に三好康長の守る高屋城を囲んだ。十九日には三好義堅の被官が守る堺近郊の新堀《しんぼり》城を攻め落として、香西元成や十河因幡守らを討ち取った。これにより、義堅の勢力は壊滅し、康長も信長と和睦し開城する。阿波の長治も和睦を認めざるを得なかった。信長は河内の諸城を破却し、尾張衆の松井友閑《ゆうかん》を堺奉行に任じると、四月二十一日には京都に凱旋《がいせん》している。

阿波三好家のあっけない敗北、そして、信長との和睦により、目算が狂ったのは武田勝頼であった。勝頼は信長が河内に向かったのを見て、三河の長篠《ながしの》城（愛知県新城市）を囲んだ。前年の高天神城攻めのように、信長は家康に援軍を送れないであろうと見越した上での作戦であった。ところが、義堅と康長は信長を足止めすることができず、勝頼は単独で信長と家康に対峙せざるを得なくなり、五月二十一日の長篠の戦いで大敗北を喫した。

三好康長の還俗

天正三年（一五七五）七月一日、三好康長は上洛し織田信長に謁見すると、堺奉行の松井友閑とともに本願寺顕如との交渉を任され、十二月には信長が本願寺を赦免する形で和睦を結ばせた。そもそも三好氏を支援するため、本願寺は信長と戦い始めたので、康長の斡旋は渡りに船であったろう。翌年四月にはその功を賞され、三好宗三・為三親子の由緒の地である榎並、摂津闕郡の一部、堺に並ぶ自治都市で長慶時代には松永孫六らが代官として配置されていた平野《ひらの》（大阪市平野区）の他に、和泉で元からの領地として二千石余を安堵されている（「徳川林政史研究所所蔵古案」）。その後も、河内南部で徳政令を執行し、淡路を支配する三好長治・義堅兄弟の弟である安宅神五郎に対する取次を行うなど活躍した。四月に信長と本願寺の和睦が破綻すると、大坂攻めの先鋒を務めている。

この康長は多くの系図類で、三好長慶の父元長の弟とされている。しかし、享禄五年（一五三二）に死去した元長に対して、康長は永禄二年（一五五九）時点でも官職名ではなく「孫七郎」を名乗っていることから（「木戸太平氏所蔵文書」）、元長と兄弟ではないことは確実である。当時、長慶ら三好四兄弟の全てが官職名を名乗っていることから、康長は彼らよりも若いはずだ。山城守の官職名からは三好一秀の子孫の可能性がある。

康長は永禄二年（一五五九）に三好実休が篠原長房らを率いて讃岐に出陣した際、三好長治を奉じて、加地盛時や篠原自遁と阿波を守った。また、永禄五年に高屋衆が長治を盛り立てるために連署して誓約した際、諸税の算用を担当している。このように、阿波三好家において、実休や長治の副将格となり、実休の死後は高屋衆の筆頭となった。すなわち、三好本宗家における三好長逸のような地位で、阿波三好家が河内に駐留させた三好勢を代表し、三好三人衆と連署するなど同等の格式を有した。

そうした康長は永禄十年（一五六七）頃に出家して「咲岩《しょうがん》（斎《さい》）」と名乗っていたが、信長に服属後の天正六年（一五七八）頃までに「康慶《やすよし》」と改名している。なおよく知られている「笑岩」は一次史料では見当たらない。三好氏のうちで「慶」の字を名前に用いたのは、三好長慶のみであったことを踏まえると、康長もまた三好義堅と同じく三好本宗家の名跡を継ぎ、畿内の三好一族や旧臣をまとめようとしたのであろう。

天正三年（一五七五）は三好氏にとって、大きな曲がり角となった。畿内はことごとく信長の支配下に入った。そして、信長は権大納言《ごんのだいなごん》に任じられて、武家で唯一在京する公卿になると、歴代足利将軍家の家長が任官した右近衛大将《うこんえのだいしょう》を兼ね、足利義尋の擁立を放棄した。

足利将軍家に代わる武家の代表へとその地位を固め始めたのである。
そうした信長の下で、阿波三好家の三好康長と、三好本宗家の多羅尾綱知・野間康久・池田教正が若江三人衆として、河内で生き残りを図っていく。

三好長治の滅亡

三好義継が滅亡した後の四国に目を転じる。天正二年(一五七四)、織田信長は妹を嫁がせていた細川昭元を登用し、四国への介入を始める。昭元は讃岐の香川氏らを調略した。香川氏は讃岐における反三好勢力の中心で、毛利氏の支援を受けていたが、信長とも結んだ。信長の脅威は、三好長治の阿波にまで及ぼうとしていた。

阿波三好家は毛利氏に対抗するため、備前や備中の国人たちと結んでいた。備中松山城《まつやま》(岡山県高梁市)の三村元親《みむらもとちか》もその一人であったが、頼みとする長治の援軍がなかなか来ないため、天正三年(一五七五)三月十八日に讃岐の由佐秀盛《ゆさひでもり》に対して、戦況を長治の宿老である伊沢右近大輔と岡田権左衛門に伝えるよう要請している。この頃、畿内では信長が三好義堅や康長を攻めていたこともあり、長治は動けないでいた。結局、同月に三村元親は滅亡し、元親と同様に長治に加勢を求めていた上野隆徳《たかのり》の備前常山城《つねやま》(岡山市南区、岡山県玉野市)も六月に落城している。浦上宗景も天神山城《てんじんやま》(岡山県和気町)を追われ、十月に播磨に逃れた。

長治は同盟してきた山陽の諸勢力を見殺しにすることになり、面目を失った。

その上、同年六月から八月頃には、元亀四年（一五七三）に長治に討たれた篠原長房の遺子松満が、亡命先の紀伊より、本願寺や雑賀衆を通じて、阿波への復帰を図っており、新たな脅威になりつつあった。

天正四年（一五七六）二月八日、信長が義尋の擁立を放棄したことを見定めた将軍義昭は、毛利氏領国である備後の鞆《とも》（広島県福山市）に移り、信長追討の狼煙《のろし》を上げた。足利尊氏が鞆において、後醍醐天皇と対立する光厳《こうごん》上皇より新田義貞《にったよしさだ》追討の命令を受け取り、上洛を果たしたことで、この地は足利将軍家にとって嘉例の地となっていた。義昭は信長との間で緊張が高まっていた輝元に決戦を促し、輝元は義昭を擁することで自らを「副将軍」に位置づけた。ここに義昭は復活したのである。

輝元の頭によぎったのは、足利義稙を擁して上洛を果たした大内義興であろう。義昭陣営には上杉謙信や本願寺顕如、武田勝頼も加わった。これはかつて三好長慶と友好関係にあった毛利元就や謙信が、永禄改元の危機に将軍義輝の下に集ったのと同じ構図である。輝元や謙信は、義尋擁立を放棄した信長に味方する訳にはいかなかった。

七月、毛利氏が大坂本願寺に兵粮を送り届けたことで、信長との対立は決定的となった。しかし、朝廷は既に義昭を見限っており、信長は十一月に正三位内大臣に昇る。

三好長治は阿波では篠原自遁を、讃岐では安富筑後守《ちくごのかみ》を重用し、領国の再建に勤しんでいたが、信長と本願寺の戦争が始まった以上、長年の同盟者を見捨てることはできなかった。しかし、十月に阿波守護家の細川真之が長治を見限って、勝瑞を出奔し仁宇《にう》(徳島県那賀町)に拠った。怒った長治は真之を討とうとしたが、逆に一宮成相《なりすけ》らに離反され、別宮長原《べっくながはら》(徳島市)で十二月二十七日に自害した(『三好家譜』)。こうして阿波三好家はあっけなく滅亡したのである。

第六章　名族への道

――三好康長・義堅と織田信長・羽柴秀吉

1　信長と義昭の抗争

松永氏の挙兵

三好長治の滅亡に最も衝撃を受けたのは、元亀元年（一五七〇）以来、同盟して織田信長と戦ってきた本願寺顕如であった。淡路の安宅《あたぎ》神五郎より兄長治が滅亡したとの報を聞いた顕如は、天正五年（一五七七）正月十九日に紀伊の坊主や門徒に、阿波が信長の手に落ちる懸念を示している（「顕如上人文案」）。雑賀衆は篠原松満（篠原長房の遺子）の阿波復帰を画策するが、信長に通じようとした一宮成相らに撃退された。また、安宅神五郎ら淡路海賊は、正月のうちに毛利輝元の叔父小早川隆景《こばやかわたかかげ》の誘いに応じている。阿波周辺は草刈り場と化した。阿波では三好実休や篠原長房に取り立てられた矢野房村らが勝瑞を奪還しており、細川真之も信長に通じる一宮成相を見限っていた。そのため輝元は、真之をはじめ、長治を支えた篠原自遁、紀伊から復帰した篠原松満、矢野房村などに連携を求めている。

しかし、輝元が七月に讃岐の元吉城《もとよし》（香川県宇多津町か）を占領したことから、安富氏や三好安芸守から成る「讃岐惣国衆」が猛反発し、閏七月二十日にこれを攻撃した。その結果、阿波や讃岐の三好方諸勢力と将軍義昭や輝元の和睦は、十一月にまでずれ込んでしまった。小早川隆景は阿波と讃岐を平定したと喜んだが、実は義昭の上洛という本質を見失い、最大の好機を逸していた。

すなわち、同年八月に信長に反旗を翻した松永久秀・久通親子に呼応できなかったのである。信長より大和守護に任命された塙直政《ばんなおまさ》は、信長の縁戚となった筒井順慶よりも、久通を重用していたため、久通の地位は安泰のように思われた。ところが、天正四年（一五七六）に直政が本願寺との戦いで討死したことで、状況は大きく変化した。信長は態勢を立て直すため、隠居の久秀にまで軍勢催促を行う一方、順慶に大和の支配を命じたのである。松永親子の負担は倍増し、対等だった順慶の風下に立たされる屈辱を味わい、久通の前途は暗いものとなった。

将軍義昭陣営はそうした松永親子の受け皿となった。従来は上杉謙信と連携したように捉えられているが、久秀が本当に頼みとしたのは、大阪湾の制海権まで握った毛利輝元と本願寺であろう。雑賀衆は筒井順慶を和泉に引っ張り出すなど、陽動作戦を展開した。そして八月十七日、松永親子は、大坂本願寺に対峙していた天王寺砦《とりで》を退去し、信貴山城や柳本《やなぎもと》城（奈良県天理市）に籠城する。ただ、松永親子の失敗は、大和国人の戒重《かいじゅう》氏など身近な反織田勢力との連携を欠いたことである。逆に、信長は地道に自身に反抗的であった岡《おか》氏らも調略していくが、久通を謀反の首謀者と認識していた。

このように松永親子が、織田信忠をはじめ、佐久間信盛や羽柴秀吉、明智光秀らを大和に引き付けて戦っていたにもかかわらず、輝元は播磨への本格的な侵攻や、大坂への大規模な派兵をできなかった。後の関ヶ原《せきがはら》の戦いと同様に大局を見ず、四国への拡大を優先したことで、信長打倒という目的の下、一致団結すべき三好方諸勢力の無用な反発を買い、絶好の好機を逸したのである。結局、十月十日に信貴山城は落城し、松永親子は討たれた。

三好義堅の阿波下向

阿波・讃岐の三好方諸勢力は、将軍義昭や毛利輝元と和睦したが、長宗我部元親の侵攻に悩まされていた。そうした中、天正六年（一五七八）初頭までに、三好義堅が堺から阿波に下り、阿波三好家の当主として再建に着手する。中平景介氏によると、小早川隆景が阿波入国を祝していることや、天正七年末までに「存康《まさやす》」から「義堅」へ改名していることから、義堅は将軍義昭から一字を拝領し、義昭の承認を受けていたとしている。義堅は篠原自遁や篠原松満、矢野房村を旗下に収めるが、一宮成相は長宗我部元親を頼った。

天正六年（一五七八）は義堅の阿波下向に始まり、播磨の別所長治や摂津の荒木村重などが次々と信長から離反したことで、将軍義昭陣営の勢力は東方へ一挙に拡大し信長を窮地に陥れた。ここに至って、義堅の背後の土佐を治める長宗我部元親の戦略的価値が上昇する。信長は明智光秀の被官斎藤利三《としみつ》の縁戚が元親に嫁いでいることから、光秀を取次として、十月二十六日に元親の息子に一字を与え、「信親《のぶちか》」と名乗らせた。元親も来春には阿波を攻め、淡路や讃岐までも平定し毛利氏と本願寺を結ぶ兵站を断つと応じている。将軍義昭と義堅に対抗するため、信長と元親は連携していく。

そして、天正七年（一五七九）十二月、義堅は阿波へ侵入した元親を討つべく、矢野房村や三好越後守らを差し向けたが、岩倉《いわくら》（徳島県美馬市）の戦いで討死してしまった。この敗戦は阿波三好家を激しく動揺させる。天正八年正月、篠原松満は、父長房と三好長治が対立した際、長房を裏切った篠原自遁を許せず、長宗我部元親に与《くみ》する一宮成相と結んだ。そのため、義堅は讃岐へ、自遁は木津《きづ》城（徳島県鳴門市）へ遁走した。まさしく内憂外患の状況であったが、そもそも義堅は十河家を継いで、長く堺を拠点としていたため、阿波に権力基盤を有していなかったのである。

三月に本願寺顕如が信長と和睦し大坂を退去したことで、羽柴秀吉は毛利氏攻めを本格化すべく、讃岐の安富筑後守への調略を始める。九月には義堅被官の東村政定《ひがしむらまささだ》も秀吉被官の蜂須賀正勝《まさかつ》（小六《ころく》）と交渉している（「大阪城天守閣所蔵文書」）。この頃、義堅は元親に十河城や羽床城《はゆか》（香川県綾川町）を攻められ苦しんでいた。

しかも、想定外の事態が発生する。大坂を退去した本願寺方の牢人《ろうにん》や雑賀衆が、十一月頃に勝瑞を占領し、一宮成相を攻撃したのである。このため、新開道善《しんがいどうぜん》ら阿波南部の国人たちが元親から離反した。元親は秀吉に、阿波・讃岐を平定した後は、毛利氏攻めに参陣すると虚勢を張っていたが（「吉田文書」）、そのような状況ではなかった。

本願寺顕如を服属させた意味がなくなった信長は、阿波国人を調略するため、阿波三好家の宿老であった三好康長を安富筑後守の館に下向させようとし、秀吉も淡路の野口長宗《ながむね》を誘降するなど、もはや元親に頼ることなく、四国を直接従えようとしている。信長にとって元親の戦略的価値は低下した。結局、大坂牢人や雑賀衆は篠原松満らを説得したようで、天正九年（一五八二）正月に義堅が勝瑞に復帰している。

そもそも、元親は信長の指示通りに三好義堅攻めに専心していた訳でなく、信長の威光を背景に、四国は切り取り次第と称して伊予南部に攻め込み、信長の反感を買っていた。それでも信長は元親を見限った訳ではなく、三好康長や安富筑後守、元親など四国勢に加え、九州の大友宗麟を動員して、義昭包囲網を作り上げようとしている。元親も細川真之や一宮成相と結んで、阿波での戦線立て直しを図っていた。

若江三人衆と三好生勝

三好義堅が阿波三好家の再建に取り組んでいた頃、畿内でも新たな動きがあった。織田信長は河内について、多羅尾綱知・野間康久・池田教正から成る若江三人衆や三好康長の共同統治に任せていた。綱知は近江甲賀の国人で、細川氏綱の被官となり、その死後も淀城を守って、松永久秀に味方した後、三好義継の被官となり、義継の妹とされる女性を妻とする。三好生勝《なりかつ》という息子に恵まれただけでなく、久秀の宿老竹内秀勝の娘との間に生まれた子は、久秀の養子となり松永久三郎を名乗るなど、義継や久秀と密接な縁戚関係を有していた。また、前述したが、久秀の姉妹が野間長久に嫁ぎ、四人の子供のうち、娘が池田教正の妻に、長男康久は教正とともに若江三人衆に、三男左馬進は久秀の養子となっている。

その綱知が若江三人衆の主将となったのは、三好義継の妹婿という関係によるものであろう。息子の生勝の初出は、天正七年（一五七九）十月に津田宗及《そうぎゅう》が催した茶会で、既に三好姓であった。生勝の三好改姓も綱知の権力基盤を強化するためであろう。この頃、若江三人衆や三好康長など河内衆は、摂津で信長に背いた荒木村重攻めに駆り出され、信長と贈答する関係になっていた三好生勝も大坂攻めを命じられている。村重の離反により、信長の畿内支配における河内の三好氏の重みは増した。

野間康久は、織田信忠・明智光秀・佐久間信栄《のぶひで》（信盛の子）・羽柴秀吉・村井貞勝《むらいさだかつ》（京都所司代）と並んで、信長より茶器を下賜される地位にあった。池田教正は、三好長慶がキリスト教の布教を公認した際に入信し、河内キリシタンを代表する存在となっていた。

綱知の子の三好生勝が康久や教正を従える形を、信長は望んでいたのではないか。綱知・康久・教正の三名に宛てられた信長の文書は、生勝の末裔である広島《ひろしま》藩士三好家に伝えられている。天正八年（一五八〇）に本願寺が大坂を退去すると、若江城は廃城となり、年末までに若江三人衆は八尾《やお》城（大阪府八尾市）を築城した。その翌年と推定される十一月十二日に、多羅尾綱知が津田宗及を招いて催した茶会では、松永久秀が所有していた茶釜の平蜘蛛《ひらぐも》や、十河一存が所持していた脇差《わきざし》の若江十河正宗《わかえそごうまさむね》が用いられている。その夜、生勝の屋敷に宗及は宿泊し、綱知より振る舞いを受けた。三好本宗家の宿老であった久秀が愛した重宝や、生勝の祖父の脇差が披露されたことで、生勝こそが三好本宗家の継承者であることが披露された。義継の滅亡後、十年を経ずして、三好本宗家は再興されようとしていた。

信長の四国政策の変化

天正九年（一五八一）正月二十三日、三好康長は、摂津の塩川氏、河内の多羅尾綱知と三好生勝の親子、池田教正、野間康久一族、結城氏、安見新七郎などを率いて四国に下向するよう、織田信長に命じられた。康長は三好勢だけでなく、畠山氏被官であった安見氏なども率いていることから、河内衆全体の旗頭であった。そして、阿波三好家の宿老という出自から、阿波・讃岐の国人を服属させることが期待され、信長の四国政策の切り札的存在になった。

ただ、三好義堅が阿波を回復し、状況が変化したからか、康長ら河内衆の出陣は取りやめられた。

その後も、康長は阿波や讃岐を管掌しており、信長は六月十二日に長宗我部元親の弟である香宗我部《こうそかべ》親泰《ちかやす》（安芸守）に対して、阿波北西部に基盤を持つ三好式部少輔は既に織田方に味方しているので、相談しながら阿波を平定するよう、康長を取次として命じた。康長も信長の命令を執行するよう求め、三好式部少輔は若輩なので諸事指南を頼んでいる（「香宗我部家伝証文」）。この二通の発給年代については、天正五年（一五七七）から九年まで諸説があり、近年は親泰が天正七年九月までには左近大夫を名乗ることから、天正六年か七年と比定される。ただ、岸和田城を守る織田信張《のぶはる》が天正十二年になっても、親泰を安芸守としていることから、信長や康長も官職名の変更を知らなかったようだ。よって、天正九年としておく。

さらに、羽柴秀吉が十一月十六日に淡路へ侵攻すると、三好義堅の弟安宅神五郎らがこれに服属した。こうして康長が下向する環境は整い、十一月二十三日に堺奉行の松井友閑は、信長が康長に阿波・讃岐の攻略を命じた旨を、讃岐の安富筑後守に伝えている。

信長は三好義堅を排除した後の阿波や讃岐について、細川昭元や長宗我部元親ではなく、三好長慶の後継者を自負する康長に任せることを決定していた。そもそも、信長から見れば、康長も元親も等しく被官であり、早急に阿波・讃岐勢を将軍義昭との戦争に動員したかっただけである。

しかし、元親にしてみれば、安土《あづち》に赴き臣従を誓った訳ではなく、信長を同盟相手としか認識していなかったであろう。また、元親は既に讃岐の香川氏に次男を養子として遣わしており、阿波の西部や南部を支配していた。こうした既得権益が無視されかねない危機に陥った。天正九年（一五八一）末には両者の関係は急速に冷え込み、翌年正月には元親の取次である明智光秀の被官斎藤利三が、信長の命令に服するよう元親を説得する状況となっていく。

康長の養子信孝

天正十年（一五八二）二月、織田信長は武田氏攻めと四国攻めの両面作戦を企て、三好康長に出陣を命じた。翌月には信長の嫡子信忠が武田勝頼を滅ぼしている。信長も出陣したが戦うことはなく、その軍勢は無傷で温存された。

四月には、三好義堅の被官たちが羽柴秀吉に、信長が淡路に出陣した際には味方したいと取り成しを頼んでいる。義堅はもはや家臣団をまとめきれないまでに弱体化していた。

そして、信長は自ら四国に出陣することを、五月七日付で三男の信孝《のぶたか》に告げる（「寺尾菊子氏所蔵文書」）。信孝は伊勢国人神戸《かんべ》氏の養子となっていたが、天正三年（一五七五）に織田姓に復していた。信長は前年に三好康長に阿波と讃岐を与えるとしていたが、讃岐を信孝に、阿波を康長に与えると変更し、土佐と伊予は信長が淡路に出陣した際に決定するとしている。信長は長宗我部元親に土佐を安堵する気はなかった。すなわち、元親を明確に敵と位置づけていたのである。元親の取次である明智光秀の四国出陣は予定されておらず、元親は光秀を頼って降伏することすらできなかった。光秀の面目は失われた。

また、信孝は信長より、康長を主君とも親とも思って忠孝に励むよう命じられている。勇む信孝は、信長より四国は切取次第と命じられたとし、伊勢では十五歳から六十歳までの百姓らをことごとく徴発した上、牢人や伊勢北部の国人、伊賀衆・甲賀衆・雑賀衆を動員して、康長の養子となった（「神宮文庫所蔵文書」「宇野主水日記」）。

信長はいずれ三好家を継ぐ信孝に、阿波も継承させるつもりであったろう。同年三月には、羽柴秀吉の養子となっていた信長の五男秀勝《ひでかつ》が初陣を果たした。信長の西国支配構想では、羽柴秀勝が中国、三好信孝が四国と、いずれも息子たちに管轄させる心づもりであった。

ところが、信長は、備中高松城《たかまつ》（岡山市北区）を水攻めにしていた秀吉より、毛利輝元が出陣してきたとの報告を受けると、備中への出陣に予定を変更した。

三好康長は先陣として阿波に下向したが、三好信孝も堺より渡海するため、住吉《すみよし》（大阪市住之江区）に在陣して、信長の甥で光秀の娘婿である織田信澄《のぶずみ》や丹羽長秀《にわながひで》が大坂城からやってくるのを待っていた。

三好信孝と山崎の戦い

天正十年（一五八二）六月二日、羽柴秀吉の援軍に赴くはずであった明智光秀が、京都に滞在していた織田信長・信忠親子を殺害した（本能寺の変）。

堺にいた徳川家康は急遽《きゅうきょ》、三河への帰途につく。いわゆる「神君伊賀越え《しんくん》」であるが、後に家康が神格化されたため、様々な逸話が創作され、わずか三十名ほどの供で血路を開いたとされる。しかし、ルイス・フロイスは「三河の国主は、より多数の家臣と、道中、買収するための黄金を携えていたので苦労したものの、無事に通過し避難した」(松田毅一・川崎桃太訳『完訳フロイス日本史』)とし、家康の被官である松平家忠《まつだいらいえただ》は「雑兵共《ぞうひょうども》二百余」が討たれたと記す。実際は千人近い兵力を有していたであろうが、それでも落ち武者狩りによって壊滅しかねない危機であったことは間違いない。

三好信孝も軍勢が四散したため、大坂城に退却した。ところが、織田信澄は信孝の入城を拒否する。世間では光秀と信澄は共謀していると見ていたため、信孝は丹羽長秀と協力して信澄を討ち取り、大坂城を押さえた。この結果、三好氏旧臣の河内衆が、信孝のもとに馳《は》せ参じた。信孝も家康と同じく、伊勢に逃げ帰らねばならない窮地であったが、なんとか踏みとどまり、光秀討伐の用意を整えた。

信長の死を受けて、淡路では菅達長《かんみちなが》が洲本城を奪ったが、毛利輝元と和睦して播磨に引き返した秀吉が、九日に安宅神五郎に奪還を命じている。

光秀は大坂城の信孝を討つべく合流予定であった洞ヶ峠《ほらがとうげ》(大阪府枚方市)に進むが、光秀与力の筒井順慶は秀吉の動きを見て、大和から動かなかった。逆に、信孝は秀吉と参会し京都へ向けて出陣する。十三日、信孝は筒井順慶に参陣を促すため書状を送ったが、それを取り次いだのが羽柴秀吉と丹羽長秀であることからも(「筒井貞氏所蔵文書」)、当日の山崎の戦いは、明らかに三好信孝と明智光秀の決戦であった。秀吉対光秀とするのは、その後に秀吉が全国を統一したことから見た結果論である。信孝は父の仇である光秀を滅ぼすという、抜群の功績を上げた。

そして、二十七日の清須《きよす》会議によって、光秀討伐の総大将であった三好信孝は、織田家家督である兄信忠の美濃と岐阜城を得て、再び織田氏に復した。ただ、織田氏の家督自体は信忠の遺児秀信《ひでのぶ》が継ぐことになり、信孝は権力中枢から外された。七月十一日付で上洛した三好生勝を賞する書状を送って以降、養父の三好康長や河内衆との関係も途絶える。

その後、信孝は秀吉と対立を深め、柴田勝家と結ぶ。そして、天正十一年（一五八三）四月の賤《しず》ヶ《が》岳《たけ》（滋賀県長浜市）の戦いで、勝家は秀吉に敗れ、翌月には信孝も自害に追い込まれたのである。

2　秀吉の統一戦争

阿波国主から讃岐国人へ

本能寺の変により、三好康長・信孝親子という圧力が消滅し、長宗我部元親は攻勢に転じた。天正十年（一五八二）八月二十八日、勝瑞城の三好義堅は近郊の中富川《なかとみがわ》（徳島県藍住町）で元親を迎え撃つが敗れて籠城する。元親は勝瑞城を包囲する間、畿内から阿波に逃げてきた細川昭元と交誼を通じると、離反した一宮成相を討ち、篠原自遁を味方に誘った。

このため、秀吉は反長宗我部で利害が共通する義堅を救援しようと、直臣の仙石秀久《せんごくひでひさ》を勝瑞城に派遣しようとしていた。しかし、義堅は九月二十一日に勝瑞城を開城し、讃岐に退去している。これ以降、阿波国人は義堅ではなく、秀吉と直接結びついていく。また、翌月には阿波守護の細川真之も国人らに背かれて滅亡し、元親が阿波の大部分を支配下に収めた。もう元親も阿波公方足利義助を利用することはなかった。

一方の秀吉も将軍義昭や毛利輝元と元親の連携を断つため、義昭の上洛を了承した。織田信雄《のぶかつ》（信長の次男）や柴田勝家、徳川家康も義昭の上洛を求めるなど、義昭をめぐる駆け引きが続いたが、それも賤ヶ岳の戦いで秀吉の畿内支配が確定するまでであった。

義堅は、天正十一年（一五八三）二月に、野原野潟《のはらのがた》（香川県高松市）に形成された浄土真宗興正寺別院の寺内町を、十河城に近い池戸《いけのべ》（同県三木町）へ移し、免税特権を与え再興を図った。この際、十河「一存」やその長男の三好義継の初名「重存《しげまさ》」、自身が養子に入った際に名乗った「存康《まさやす》」など十河氏に因む「存保《まさやす》」に改名している。阿波を失った義堅は、かつての養家である十河氏の権力基盤を梃子《てこ》にして、領国再建を図ったのである。

そして、天正十二年（一五八四）、羽柴秀吉と織田信雄が断交すると、信雄は東海の徳川家康や北陸の佐々成政《さっさなりまさ》、四国の長宗我部元親と連携して、秀吉包囲網を作り上げていく。元親は秀吉を挟撃するため、義堅の十河城に攻めかかり、六月頃に十河城を落とした。ただ、義堅は虎丸城《とらまる》（香川県東かがわ市）に踏みとどまり、元親の四国統一を阻止する。

天正十三年（一五八五）五月から六月にかけて、秀吉は弟の秀長《ひでなが》や甥の秀次《ひでつぐ》（三好信吉から改名）に四国への出兵を命じた。元親が降伏すると、秀吉は八月四日に、蜂須賀正勝の子家政《いえまさ》に阿波を、仙石秀久に讃岐を与えるという国分案《くにわけ》を示した。三好義堅は秀吉に味方して元親に抵抗したが、阿波国主に復帰することは叶わなかったのである。義堅は秀吉から「十川《そごう》」と呼ばれており、讃岐国人として仙石秀久の与力とされた。

天正十四年（一五八六）、義堅は宿敵の長宗我部元親とともに、仙石秀久を総大将とする四国衆を構成し、秀吉の命令により、大友宗麟を救援するため豊後に渡海する。ところが、十二月十二日から翌日にかけて行われた戸次川《へつぎがわ》（大分市）の戦いで島津家久《いえひさ》に大敗し、義堅は討死した。秀久は改易《かいえき》されたが、義堅の子の千松丸《せんまつまる》は幼少であったため、新たに讃岐を与えられた生駒親正《いこまちかまさ》の預かりとなり、領地を奪われた。千松丸は天正十七年に秀吉に謁見後に死去したとされる。弟の存英《まさひで》は牢人となり、大坂夏の陣で大坂方に加わって、尼崎で討死したというが定かではない（「東名東村吉田孫六系図」）。

四国で勇名を馳せた三好氏は、義堅の死によって終焉《しゅうえん》を迎えたのである。

三好信吉と河内キリシタン

天正十年（一五八二）十月、羽柴秀吉は根来寺を攻めるため、筒井順慶、若江三人衆、三好康長、そして「三好孫七郎」を動員した（「浅野家文書」）。この孫七郎とは三好信吉のことで、後の羽柴秀次（秀吉の姉の長男）である。秀吉は織田秀信の下で同じ宿老であるはずの筒井順慶や三好康長を従属させた。順慶は寄親であった明智光秀を失い、大和武士の統率に苦しんでいた。康長も自分を四国政策の担当者に登用してくれた織田信長を失い、阿波から逃げ帰ったことで面目を失っていた。順慶も康長も秀吉の後見を欲していたのである。

特に秀吉は清須会議で河内の東部を得ており、三好信孝という主を失った河内衆を取り込むため、康長やその養子とした秀次を活用していく。そして、翌年に柴田勝家を滅ぼすと畿内近国で大規模な国替《くにがえ》を行い、秀次は兵庫《ひょうご》城（神戸市兵庫区）と三田《さんだ》城（兵庫県三田市）を与えられている。秀次は七月に讃岐出身の香西又一郎に、播磨の志方《しかた》（兵庫県加古川市）で領地を与えるなど、その支配は摂津西部から播磨東部に及んでいた。

天正十二年（一五八四）に秀吉が織田信雄や徳川家康と対立すると、秀次も出陣し、四月の長久手《ながくて》（愛知県長久手市）の戦いで総大将として指揮を執るが、大敗を喫している。この際、若江三人衆の池田教正などが秀次の指揮下で戦っている。秀次は康長の養子として河内衆を継承していた。しかし、多くの河内キリシタンをこの戦いで失ってしまった。そうした中、三百の兵を率いる教正も敵中に孤立したが、巨大な金色の十字架を描いた旗を掲げて、徳川勢を突破したことで武名を轟《とどろ》かせた。

秀吉はその後、信雄と家康を交渉によって屈服させていくが、その交渉過程を池田教正に逐一伝えており、信雄や家康が人質を差し出し降伏してきたと、家康に敗れた秀次らの面目を立てている。教正は秀吉から秀次の宿老として認められていた。信雄は秀吉に降伏することで織田秀信に代わって織田家家督が認められ、秀信は後に秀吉の養子秀勝（信長の五男）の名跡を継承する。

秀次は長久手の戦い後に羽柴姓に復すと、天正十三年（一五八五）の四国出兵までの間に、信吉から秀次と改名しており、秀吉の後継者としての地位を固めている。その一方、秀次の実父吉房《よしふさ》は木下《きのした》から三好に改姓しているので、三好氏を継いだ意識は残り続けたようだ。養父の三好康長は、その翌年頃に河内国安宿部《あすかべ》郡（大阪府柏原市）二千六百石を与えられているが、その後の消息は不明である。

天正十三年（一五八五）、秀吉は三好長慶と織田信長が足利将軍家を頂点とする武家の権威や秩序を相対化してきた流れを推し進め、歴代足利将軍が就いたことがある将軍や太政《だじょう》大臣《だいじん》ではなく、関白に就任することで、武家関白という新たな統合の枠組みを示した。翌年には源平藤橘に並ぶ豊臣の氏《うじ》を下賜される。織田信雄、上杉景勝《かげかつ》（謙信の甥で後継者）、徳川家康、毛利輝元などは順次上洛して、秀吉に臣従の意を示し、官位を授与されていく。天正十六年正月には、足利義昭が秀吉に従って参内し、将軍を辞して出家すると、准三后《じゅさんごう》の待遇を受けた。後に義尋やその子も出家したため、足利将軍家は断絶する。同年四月、後陽成《ごようぜい》天皇の聚楽第《じゅらくてい》行幸を機に、秀吉は諸大名に豊臣氏や羽柴姓を与え編成していく。

天正十五年(一五八七)、秀吉はバテレン追放令を発布した。これを受けた池田教正らは、キリシタンとして死ぬ覚悟があると秀次に暇乞《いとまご》いをしたが、秀次は信仰を認めただけでなく、領地を加増している。秀次は教正を思慮分別に富む相談役として高く評価していた。そして、秀次は天正十八年に改易された織田信雄に代わって尾張を得て、翌年に関白になる。文禄《ぶんろく》二年(一五九三)に教正らを清須町奉行に任じて人口調査をさせ、翌年には木曽川《きそがわ》の流路を固定するため築堤に当たらせた。秀次は大河の乱流域であった尾張に洪水対策を施し、穀倉地帯として発展していく基礎を築くが、文禄四年に秀吉と確執があり自害に追い込まれた。

秀吉直臣となった三好一族

畿内の三好一族のうち、三好康長の名跡は羽柴秀次に受け継がれた。三好為三《いさん》は荒木村重の台頭によって没落し、やがて羽柴秀吉に従ったようだ。

文禄の役（一五九二～九三年）に際して、「名護屋御留主在陣衆《なごやおるすざいじんしゅう》」として、「本丸広間之番衆」の馬廻組《うままわりぐみ》のうち、二番河井組《かわい》に三好生勝・三好房一・三好為三、そして、五番尼子組に三好助兵衛尉が見える（『太閤記《たいこうき》』）。三好義継の妹の子である生勝は、天正十一年（一五八三）に秀吉より北陸平定を直接伝えられたり、病を気遣われたりするなど一目置かれていた。そうした生勝とともに、三好康長と同じく高屋衆であった三好盛政の子である房一も、秀次の被官ではなく、秀吉の直臣となっている。秀次が三好氏旧臣を編成しやすいように、秀吉はあえて、三好一族の生勝と房一を自らのもとに留め置いたのであろう。

生勝はこの後、秀吉の正室で、三好康長が領した自治都市の平野を拝領した北政所《きたのまんどころ》（後の高台院《こうだいいん》）に付属した。生勝の娘は平野の七名家の一つである土橋《つちはし》九郎右衛門に嫁いでいる（「黒田家臣御系譜草稿」）。文禄二年（一五九三）に、房一は秀吉より、朝鮮での目付を命じられた。

また、秀吉は天正十年（一五八二）から翌年にかけて、三好義堅の救援に立て続けに失敗すると、淡路海賊の再編成にとりかかった。すなわち、三好実休の三男である安宅神五郎を、内陸部の押部谷《おしべだに》（神戸市西区）に二千五百石で転封し、淡路全島を直臣の仙石秀久に与えたのである。船頭や水夫を直接支配することで、大阪湾の海上交通路を掌握する意思を示した。

その後の安宅神五郎の動向はほとんどわからないが、慶長《けいちょう》四年（一五九九）に、神五郎とその息子と見られる三好甚九郎が、秀吉直臣の片桐且元《かたぎりかつもと》らとともに相国寺の警固に当たっている（「鹿苑日録」）。

さらに、石田三成《いしだみつなり》のもとで、九州の島津氏や相良氏《さがら》との交渉を担当した安宅秀安《ひでやす》や、その子の長康《ながやす》が見える。長康は同僚の島清興《しまきよおき》（左近）の娘を妻としていた（「諸士系譜」）。本国は阿波で、秀安の父は安宅冬康としているので、秀安は神太郎と同一人物かその弟であろう。

3　三好一族と江戸幕府

旗本になった三好一族

羽柴秀吉の死後、徳川家康は独裁を強めた。慶長五年（一六〇〇）、家康は上洛しない上杉景勝を征伐することになる。この時、三好為三も家康に従い関東に下向した。この隙を突いて毛利輝元が挙兵したため、家康は江戸に引き返し、息子の秀忠《ひでただ》に宇都宮《うつのみや》（栃木県宇都宮市）に残って景勝に備えるよう命じた。八月二十三日、秀忠は三好為三に対して、宇都宮在陣を褒め、自身は翌日に信濃へ出陣すると伝えている。

結局、為三は関ヶ原の戦いに参戦できなかった。そこで、為三・可正《よしまさ》親子は、西軍の石田三成の被官として、東軍の黒田長政《くろだながまさ》と戦い、その後は金沢《かなざわ》藩主前田利長《まえだとしなが》に仕えていた三好一族の安宅長康に対して、たびたび物語などを三好房一にしていると聞いたので、関ヶ原の戦いの有様を尋ねたいと書状を送っている（「寸金雑録」）。江戸初期には、戦国時代を生き抜いた三好一族同士で交流があったことがうかがえる。

家康は将軍に任官すると、その翌年の慶長九年（一六〇四）に諸大名や旗本を叙位任官させ、三好為三も従五位下因幡守に任じられた。その際、為三は「一任」と記されている（「柳原家記録総光卿符案」）。三好房一も従五位下丹波守となるが「房長《ふさなが》」とある。為三と房一は、家康が駿府《すんぷ》（静岡市葵区）に移るとこれに従い、「安西衆《あんざいしゅう》」に編成された。小川雄氏は、幕閣よりかつての天下人と認識されていた三好氏の係累を近侍させることで、現今の天下人である家康の権力や権威を装飾しようとしたとしている。

慶長十九年（一六一四）、三好房一は、名古屋城普請奉行を務め、後に尾張徳川家の宿老となる滝川忠征《たきがわただゆき》とともに、福岡藩主黒田長政の旧臣である後藤《ごとう》又兵衛の帰参について管掌している。長政と対立して播磨に出奔した又兵衛が、房一と忠征を通じて交渉したのである。房一らは、家康や秀忠の意向を確認して、又兵衛に長政と仲の悪い者とは書状を取り交わさないと誓約書を書くよう勧めたが（「芥田家文書」）、結局、又兵衛は応じなかった。房一は同年七月に駿府で病死する。

この頃、家康は羽柴（豊臣）秀頼を臣従させるべく、慶長十六年（一六一一）に二条城で秀頼と会見したが、なお徳川氏の秩序に包含することはできず、大坂の陣が起こった。大坂の陣では、房一の息子の長直《ながなお》と為三の息子の可正が、諸大名の監察に当たり、家康や秀忠の命令を伝達している。

　房一は河内で二千三百石の領地を有していたが、将軍秀忠に茶の湯で用いられる光滝寺《こうたきじ》（大阪府河内長野市）周辺で生産される光滝炭《こうのたきのすみ》を献上しているので、河内南部にあったのであろう。房一の子の長直も家康に仕え、関ヶ原の戦いに参陣した功で千石を得た。房一の死後、長直は房一の遺領を継ぎ、長直の領地である超昇寺《ちょうしょうじ》村（奈良市）の一部などは、その長男の直重《なおしげ》、次男の直次《なおつぐ》へと受け継がれたが、子孫は十七世紀末に旗本としては断絶した。

　為三も寛永《かんえい》二年（一六二五）十二月に秀忠より、河内の南甲賀《みなみこうか》村（甲可南《こうかみなみ》村とも。大阪府四條畷市）・横小路《よこしょうじ》村（同府東大阪市）・小山田《おやまだ》村（同府河内長野市）・高向《たこう》村（同前）で二千二十七石を与えられた。南甲賀村には三好長慶が居城とした飯盛城の北半分が含まれており、由緒の地を得たことになる。為三の長男である可正は、為三とは別に、大和の守目堂《もりめどう》村（奈良県天理市）と丹後庄《たんごのしょう》村（同県大和郡山市）の七百四十石余を与えられ、別家を立てていた。

　そのため、可正の子のうち長富《ながとみ》が祖父為三の養子となって、河内にある為三の領地を継承した。長富の子の長広《ながひろ》は、宝永《ほうえい》四年（一七〇七）より奈良奉行を務める。一方、可正の子の勝《かつ》正《まさ》は大和の領地を受け継いだ。こうして、為三の子孫は河内と大和に分かれ、旗本として幕末まで生き抜くことになる。

諸藩に仕えた三好一族

前述したように、安宅長康は石田三成の滅亡後、金沢藩前田家に仕えた。

また、北政所に仕えていた三好生勝は、その後、交流のあった福岡藩主黒田長政に仕えて、慶長十四年（一六〇九）に二千石を与えられている。大坂冬の陣では長政に代わって出陣した嫡男忠之《ただゆき》に従ったという。一方、生勝の次男の七郎右衛門は、大坂夏の陣で大坂方に味方して討死した。その後、生勝は元和《げんな》七年（一六二一）に家督を子の生高《なりたか》に譲ると、天龍寺《てんりゅうじ》に閑居するため上洛の途につく。ところが、厳島《いつくしま》神社（広島市廿日市《はつかいち》市）に参詣中に広島藩主浅野長晟《あさのながあきら》の誘いを受け、二千石で仕えた。

生勝が寛永八年（一六三一）に死去すると、三好生高は福岡藩から広島藩に移り、寛永十六年に浅野光晟《みつあきら》より三百石を与えられている。生高の跡は房生《ふさなり》が継いだが、息子がいなかったため、伊予松山《まつやま》藩の山中政吉《まさよし》の子の生清《なりきよ》が、房生の娘婿となり三好家を継ぐ。ところが、房生の娘が産んだ生包にも子がなく、後藤祐貞の子の房束を養子として迎えた。ただ、房束にも子がなかった。

たびたび存続の危機を迎えた三好家であったが、ここで五代広島藩主浅野吉長《よしなが》の弟長賢《ながかた》の子である房高《ふさたか》が養子となり家督を継いで、千石の年寄役を務めることになる。三好家は広島藩の中で名族として遇され、明治維新を迎えた。広島藩士の三好家が、三好長慶が一色藤長《ふじなが》に宛てた文書や、徳川秀忠が三好房一に宛てた文書を所蔵しているのは、三好一族の惣領としての意識から収集したのであろう。

越前を領した結城秀康《ひでやす》（徳川家康の次男）は「三好越後守長虎《ながとら》」の娘（品量院《ひんりょういん》）を妻に迎え、慶長九年（一六〇四）に五男の松平直基《なおもと》を授かった。長虎は小笠原義長《よしなが》の六世の孫で、阿波の三好郡を領したという（『徳川諸家系譜』）。品量院は明暦《めいれき》三年（一六五七）に死去し、弘法寺《ぐほうじ》（千葉県市川市）に葬られた。墓石には「阿波国主三好越後守長虎息女」とある。その名を冠した品量院永寿寺は、直基の末裔の松平大和守家の菩提寺となり、度重なる転封に従い、前橋《まえばし》（群馬県前橋市）に落ち着いた。

『松平直基公家記』は、品量院の実家である三好氏について、三好に改姓した小笠原義長、長輝《ながてる》（百万遍で討死）、頼澄《よりずみ》（伊勢山田《やまだ》で討死）、長澄《ながずみ》、長氏《ながうじ》（阿波で討死）、長虎（淡路岩屋《いわや》で討死）と記す。同書には、慶長八年（一六〇三）に徳川家康が右大臣に任官する際に供奉した者として、長虎の長男を挙げ、三好備中守と三好越後守（長虎が官職名を継承したか）が行列に加わったとする。前述の通り、家康の旗本としては、三好備中守として房一の子の長直と、三好越後守として為三の子の可正の存在が確認できるので、品量院は可正の周辺の女性の可能性もある。品量院の弟の十右衛門は結城秀康に四百石で、その子の采女《うねめ》は松平直基に三千石で仕えたが、驕奢《きょうしゃ》のため断絶した。また、品量院は家康から秀康に与えられた側女《そばめ》で、直基は家康の実子であるという説も載せる。真偽不明な点が多いが、徳川親藩《しんぱん》の前橋藩主松平家に、藩祖の母が三好一族であったという意識があったことは確かである。

三好一族は江戸時代には大名として生き残ることはできなかったが、江戸前期には、戦国乱世の中で長慶から義継にかけて二十余年にわたり天下を治めたとその功績を称えられていたのである（『甲陽軍鑑《こうようぐんかん》』『当代記』）。

終章　先駆者としての三好一族

統一政権の形成

室町幕府は、東国においては享徳《きょうとく》の乱（一四五四〜八二年）、畿内や西国においては応仁の乱（一四六七〜七七年）を契機に衰退に向かい、百年近い戦乱を経て、統一政権の形成へと向かう。

統一政権の形成については、武士や侍身分が結集する織田政権と、百姓身分が結集する一向一揆による階級闘争を経て、百姓を虐殺し民衆の動きを抑え込んだ織田・豊臣政権が成立するという見解がかつてあった。

しかし、三好之長（長慶の曽祖父）は京都の徳政一揆の主導者である。また三好元長（長慶の父）が一向一揆によって自害に追い込まれたにもかかわらず、三好長慶は本願寺を弾圧するどころか、その政治的地位を認めていた。山科本願寺を滅ぼした法華一揆についても、長慶や安宅《あたぎ》冬康は尼崎において法華宗系寺内町を取り立てている。一揆の原動力となった民衆の成長を寺内町による経済発展に注力させることで、武家と一揆は共存共栄が十分可能であり、根源的な対立関係は見られない。そもそも、信長と本願寺が十年にわたって戦った大坂本願寺合戦自体、本願寺が三好三人衆を支援するために、わざわざ参戦したことで始まったのである。

また、地方の農村社会に生まれた在地領主制が発展し、大名領国制を成立させると、それが展開していく中で、統一政権が形成されたとする見解もかつてあった。しかし、そうした大名がいくら戦争を繰り返しても、室町幕府を倒し全国統一を目指す動きにはならないだろう。

三好氏は国人から成長した守護代層として分類されることが多いが、在京する守護に代わって、在地を掌握したという訳ではない。むしろ、細川氏に代わって台頭する三好氏は、在京守護の近習・側近層から出た。また、畿内近国の支配方法は、三好氏が内藤氏・松浦《まつら》氏・松永氏を一国単位で支配担当者に指定し、彼らを後見することで、三好氏の勢威を背景にして強制的にその国の全ての国人を彼らの家中に包括させる一方で、彼ら自身も上位の三好氏への依存を余儀なくさせるというものであった。

そもそも戦国時代で初めて足利将軍家を擁さず首都を支配するに至った三好氏に対して、足利将軍家の権威や将軍による承認を欲していたのは、地方の大名たちであった。彼らは新政権など望んでおらず、特に下剋上により主家を乗っ取ったり、追放したりした者ほど、幕府の秩序に位置づけられることを望んでいた。

「天下」と称された畿内は、経済面だけでなく、政治面においても先進的であったと見るべきである。革新的な地方・農村が、保守的な中央・都市を克服したとは言えない。

統合の枠組み

民衆や在地からの視角に対して、全国規模での統一や統合の契機については、あくまでも天皇や将軍の権威に求めるべきであるという見解がある。戦国大名全盛のイメージが強い東国においても、関東の将軍たる古河公方とそれを補佐する関東管領を中心とする秩序や家格意識に、北条氏や上杉氏は一定程度規制されていた。また、東アジアとの交易を望む西国において、日本国王である足利将軍家の影響は大きかった。やはり、幕府や朝廷に対峙し、正統性を確保していくことが重要であろう。

足利将軍家の正統性とは、中央においては北朝天皇家や首都京都の平和を守ること、地方では大名の利害を調整し編成すること、国外に対しては日本国王として貿易を管理することである。実際に、足利義晴は足利義維《よしつな》に将軍の座を脅かされた時、在京できないにもかかわらず、天皇の求めにより二度の改元を執り行い、明《みん》や琉球へ国書を遣わした。しかし、その子足利義輝は当然ながら、三好長慶が義維のように自分に成り代わる存在とみなさなかったため、怠慢を繰り返した。その結果、禁裏の修理、改元、南朝勢力の勅免、明使への対応など、長慶は北朝天皇家の守護者や日本国王としての役割を奪っていくが、それは天皇や朝廷の認めるところとなり、将軍なしでも時代は動き始める。かつて三好之長は畿内の平和を乱すと非難されたが、長慶は畿内の平和維持を担うと宣言する立場へと成長したのだ。

長慶は義輝と同じ従四位下に叙せられ、義輝を討った義継は源氏嫡流にして足利将軍家の象徴である御小袖《おんこそで》の唐櫃《からびつ》を授けられた。一方、そうした役割を放棄した足利義輝は、武家唯一の公卿という地位を剝奪《はくだつ》された。京都をいたずらに戦渦に巻き込んだ将軍は、「御天罰」を蒙《こうむ》り、三好氏に「御謀反」を起こす存在に成り下がる。極端な言い方をすれば、長慶が将軍義輝を近江に追放していた五年間と、義継が義輝を討ち果たしてから義昭が上洛するまでの三年間の二回、幕府は事実上滅亡し、そのたびに再興されたのである。

その後の戦いにおいても、三好義継や三好長逸《ながやす》が足利将軍家を擁さず戦う一方、織田信長が義昭や義尋の親子を推戴して戦おうとする姿を見る時、三好一族は日本の武家でいち早く足利将軍家の軛《くびき》を断ち切っていたと言えよう。

また、長慶は明使に対応し、義輝の日本国王としての活動を封じた。しかし、信長に追放された後も義昭は、対馬《つしま》の宗《そう》氏を介して朝鮮国王と国書を交わすなど、義輝と異なり日本国王として振る舞っていた。

戦国末期まで根強く残っていた家格秩序についても、陪臣に過ぎなかった三好一族が高位の家格の名跡を継ぐことなく、長慶・義興・長逸と宿老の松永久秀が将軍義輝と同じ従四位下に叙せられ、長慶・義興・久秀が天皇家に由緒を持つ桐御紋を拝領し、将軍家の象徴たる御小袖の唐櫃を下賜されたことで、大きく変容していく。

信長もまた桐御紋を拝領し、足利将軍家の家長が任じられた右近衛大将に就くなど、足利将軍家の継承を意識していた。信長については、本能寺の変の直前に朝廷が太政大臣か関白か将軍への就任を求めたとされる三職推任《さんしきすいにん》にばかり注目が集まる。しかし、本願寺を屈服させ畿内を平定した後ですら、義昭を「西国之公方」と認め和睦しようとし、足利義稙《よしたね》や義澄に前例があるにもかかわらず、義昭の将軍職を剝奪できていない。現実では、歴代の足利将軍家を超える官位に就いた訳でもない。足利将軍家との関係に苦悩し続けたのが実態である。

三好一族は地方の大名同士の利害調整を行う論理を持ち得なかったが、出雲尼子氏や上総酒井氏の領内の問題に介入し（七七〜七八頁、一〇八〜一〇九頁）、その宗教政策を覆すなど、より過激な点も見受けられ、中央政権としての自負がうかがえる。信長も三好氏と同様に宗教政策を通じ、常陸江戸《えど》氏の領内に介入した。地方の大名の利害調整、つまり停戦を強要できるようになったのは、その死の三か月前であるが、その論理は武田氏を滅ぼした以上のものではなく、臣従の証として上洛させることもなかった。信長は将軍義昭との戦いを終結させることができないまま、明智光秀に討たれたのである。

新たな秩序

十六世紀中期に至っても、室町幕府は多くの大名に支えられて健在であり、足利将軍家は全国の人々の意識や家格秩序において絶対の存在であったが、三好一族が対峙していく中で、代替可能な存在であるとようやく思い知らされた。倒幕は思いも寄らないことではなく、選択肢の一つになり始めたのである。そうした中、三好長慶・義継親子や織田信長のように、足利将軍家の代行者ではなく、全く新たな形で正統性を確保し武家の統合の秩序を示したのが、武家で初めて関白となった羽柴秀吉である。秀吉は自らの利害調停に従わない敵対者を滅ぼすだけでなく、服属させて上洛させると、朝廷の官位を用いて、新たな家格秩序に位置づけた。その契機となる秀吉が関白に就任した天正十三年（一五八五）こそ、室町幕府が完全に滅亡した年と位置づけられよう。

そして、秀吉は概ね国単位で公認した大名家を強力に後見して、その大名の下に国内の諸領主を与力させ、または家臣団に組み込ませたのである。また、新たな日本国王として貿易独占体制を構築すべく、明との戦争を開始する。明に貿易を求め戦争することは、同時代のモンゴルの王アルタン・ハンに見るように東アジア世界の常識であった。

そうした秀吉の基盤が環大阪湾地域であったため、三好一族が大名として生き残る道は断たれた。しかし、徳島藩蜂須賀家の客分平島《ひらじま》氏（堺公方）や旗本喜連川《きつれがわ》氏（古河公方）となった足利一族、三春《みはる》藩秋田《あきた》家の宿老となった細川一族（京兆家）、江戸幕府の儀礼を司《つかさど》る高家《こうけ》となった畠山一族（政長流、能登守護家）、天童《てんどう》藩・柏原《かいばら》藩・柳本《やなぎもと》藩・芝村《しばむら》藩（織田信雄や織田長益《ながます》の子孫）となった織田一族、足守《あしもり》藩・日出《ひじ》藩主木下氏（北政所の兄家定《いえさだ》の子孫）となった羽柴一族と同様に、三好一族も旗本や広島藩浅野家の家臣となり、名族として江戸時代を生きることになる。

大阪平野の発展

室町時代、室町幕府と朝廷、本山寺院や本社など荘園領主が集住した京都は、圧倒的な求心力を持ち、極度の一極集中状態にあった。京都盆地には嵯峨《さが》をはじめ、鳥羽《とば》、伏見《ふしみ》、宇治《うじ》、淀《よど》、八幡《やわた》、大山崎といった衛星都市群が存在し、その繁栄を支えていた。応仁の乱後も、近江南部をはじめ周辺地域より、新興の商人を呼び込み新陳代謝を図り続けた。また、京都では法華宗が二十一もの本山を構えるほど勢力を拡大し、浄土真宗の本願寺は近郊の山科に本山を置き、寺内町を形成する。このように平安末期から鎌倉時代に立宗し、戦国時代に多くの民衆に受容されるようになった法華宗や浄土真宗、禅宗の一部は、遠隔地交易や地域経済の核となる富裕層などの支持を得て拡大した。

ところが、十六世紀中葉に大きな転機を迎える。山科本願寺の滅亡と法華一揆の敗北、キリスト教宣教師への迫害である。その結果、こうした諸勢力を受け入れたのは大阪平野であり、三好一族であった。

本願寺は大坂を新たな本山と定めると、淀川水系や大和川水系に寺内町を次々と形成していった。法華宗の諸本山は三好元長らが拠点とした堺に避難した。後に京都へ復帰するが、堺にも中本山《ちゅうほんざん》級（本山に次ぐ格式）の寺院があり、三好一族の斡旋によって京都と同様に各門流や教義の違いを超えた共同体を形成している。京都と河川交通で繫がる尼崎では、本願寺の門徒と法華宗日隆門流の本山である本興寺が主導権を争った結果、三好一族の支持を取り付け、経済特権を与えられた本興寺を中心に寺内町が建設された。兵庫津では本興寺の末寺やその檀那である豪商が、三好一族の保護を受け、都市共同体の指導者となる。

堺の豪商は、明や琉球との海外交易の実務を担うだけでなく、京都の臨済宗《りんざいしゅう》大徳寺の支持基盤であった。キリスト教宣教師は三好長慶の保護を得て、三箇《さんが》（大阪府大東市）や岡山《おかやま》

（同府四條畷市）に京都や堺からもキリシタンが集まる教会を設けた。京都と尼崎に本山を置く法華宗日隆門流は、末寺である種子島の本源寺を通じて琉球や明との交易品を入手する。また、大坂や兵庫津には唐船が来航し、本願寺自身も遣明船の派遣に関与していた。

大阪平野を中心とする環大阪湾地域には、京都盆地から排除された経済発展の原動力が流入し、倭寇《わこう》や南ヨーロッパ勢力が牽引する東アジア海域の活力が漲《みなぎ》っていた。三好一族はもはや在京を志向することなく、そうした動向を涵養《かんよう》したのである。その手法は、大阪平野の多様性を促進するものであった。

特徴的なのは、芥川城や飯盛城といった山城《やまじろ》を居城とし、城下町を設けなかったことである。かつては、山城とは戦時にのみ使用するもので、山城から平山城《ひらやまじろ》、平城《ひらじろ》へという城郭の発展過程において最も遅れた段階とされ、経済支配を無視するものとして、マイナス評価であった。しかし、芥川城や飯盛城には数百人規模の被官やその家族が山上に常時居住し、恒常的に政治的・文化的機能を果たしていたことから、臨時的な拠点であった訳ではない。畿内を代表する自治都市の堺や平野《ひらの》に代官を設置しており、経済的機能を軽視もしていない。

松永久秀が奈良に四階櫓《やぐら》を持つ多聞山城を築いたように、室町社会における最大の寺社勢力である興福寺を威圧するかのような高層建築物や石垣を用いた築城技術も持っていた。信長も秀吉も、奈良において興福寺に直接対峙しなかったことを踏まえれば、特筆すべきことである。また、勝瑞城では、城下町を囲い込む惣構《そうがまえ》も形成している。

すなわち、高層建築物や城下町を造る技術がなかったのではなく、積極的に造らない選択をし、政治的機能と経済的機能を分担する政策を採ったのだ。それが象徴的に反映されたのが尼崎である。細川高国が築いた城があるにもかかわらず、三好一族は関心を示さず、寺内町の建設を選択した。

三好一族にとって、自治都市の堺や平野、門前町であり陸・海の要所でもある西宮、港町の兵庫津、浄土真宗寺内町の大坂・富田《とんだ》・枚方《ひらかた》・久宝寺《きゅうほうじ》・富田林《とんだばやし》・貝塚、法華宗寺内町が主導権を握った尼崎、キリスト教の教会という新たな核を得た三箇や岡山、国人の城下町の池田と伊丹、広域支配の政治拠点である越水・高屋・岸和田といった大阪平野の多様性を発展させることにこそ意味があった。

江戸時代は画一的な城下町が全国的に展開したので、それこそが唯一の到達点であると考えがちである。そうした城下町を眼下に見るだけであれば、平城の天主《てんしゅ》は有効である。しかし、多様な都市を睥睨《へいげい》するためには、山城の方が効果的であった。

将軍義輝・義昭兄弟は、洛中に築城したが、それは非武装の花の御所を理想としながらも、現実的には三好一族の脅威に怯《おび》え、天皇や首都京都の守護者としての役割を放棄し、我が身一つを守るためのものであった。関白秀吉は三好一族が育て上げた発展の諸要素を各地域から摘まみ取り、大坂城下町に一極集中させたり、京都盆地の伏見城に回帰したりした。

評価の視点にもよるが、三好一族の多極分散型の領国経営方針や、主要都市間で役割や機能を分担し、特徴ある都市群を形成する手法も、アメリカやドイツ、カナダ、オーストラリア、ブラジルの歴史を参考に、見直すべき時に来ているのではないだろうか。

都市と村落の中で

三好一族にとって、堺は深い繋がりがある都市であった。元長の位牌所となった顕本寺、長慶が創建した南宗寺、松永久秀が妻広橋保子のため南宗寺に設けた勝善院《しょうぜんいん》、実休を偲《しの》んで建立された妙国寺、宗三《そうさん》の菩提寺となった善長寺《ぜんちょうじ》など、三好一族とゆかりのある寺院が堺に集中している。

そうした三好一族との関係を強調する逸話が、江戸中期に突如出現する。宝暦《ほうれき》七年（一七五七）に成立した地誌『全堺詳志《ぜんかいしょうし》』によると、海船政所《かいせんまんどころ》という官庁が、永正元年（一五〇四）、堺の北郊に「三好長輝」の発起により着工されたとする。三好氏は海船政所を本館とし、摂津の尼崎城、和泉の新堀城と岸和田城、河内の小山《こやま》城（大阪府藤井寺市）と古市城（同府羽曳野市）に諸将を配置した。それは「海雲斎長基」の時代に完成し、大永元年（一五二一）に政所の勅許を賜ったとしている。「長輝」は之長を、「長基」は元長を指すと思われるが、いずれも一次史料では確認できない。また、前述のように、年代も全く一致せず、本城と支城の関係もおかしい。そもそもこうした施設があれば、元長は一向一揆との戦いで使用するであろう。つまり、戦国時代には海船政所など存在しなかった。

それでは、この創作された逸話は、何を意味しているのであろうか。堺と言えば、ルイス・フロイスやガスパル・ヴィレラによって、十人委員会が治め、神聖ローマ皇帝への納税が免除されたイタリアの自由都市ヴェニスに譬《たと》えられたことから、当時の人々もそのように自覚し誇りにしていたとイメージされがちである。そして、中世の自由は、専制君主である信長が設置した代官によって踏みにじられたとされる。しかし、そもそも細川氏も三好氏も堺に代官を設置しており、信長や秀吉のみを殊更に言い立てる必要はなく、武士を排除した自治都市など存在しない。むしろ、江戸中期、発展を続ける大坂に対して、経済が停滞してしまった堺において、かつての黄金の日々を顧みる中、武士を排斥したことではなく、三好一族の拠点となったことが、繁栄の要因だと認識していたことを重視すべきであろう。

また、摂津では、芦屋庄《あしやのしょう》（兵庫県芦屋市）と隣接する西宮や本庄《ほんじょう》（神戸市東灘区）の間で六甲山地をめぐる争いが起きていた。長慶は西宮を勝訴とする判決を下していたため、江戸中期に山争いが再発した時、芦屋庄は「三好長康」という架空の人物を作り出し、長康が長慶の判決を覆して、芦屋庄を勝訴とした判決文を創作した。そうすると、寛延《かんえん》三年（一七五〇）に大坂町奉行がそれを認め、芦屋庄に勝訴の判決を下してしまったのである。大坂町奉行は実況見分を行わず、真贋《しんがん》を鑑定する技術もなかった。

ただ、郡家《ぐんげ》村（大阪府高槻市）でも今里村（京都府長岡京市）でも、江戸時代において長慶の判決文が証拠として採用されている。三好一族の裁判であること自体が、村の成り立ちに必要な用益権の証拠とされたのは、中世社会の基盤となった荘園を所有する領主たちではなく、近世社会の基本的な単位となる町や村の共同体を対象とした裁判や支配を、三好一族が行っていたためであった。裁判が行われた村々では、生活インフラを保障してくれた存在として、敬意を込めて記憶に刻まれたのである。

江戸時代の芥川城跡は原《はら》村の村内にあり、「城山」と呼ばれていた。その主郭部には「三好長慶社」が設けられており、棟札《むなふだ》によると、宝暦七年（一七五七）に再建、文政《ぶんせい》七年（一八二四）に再々建された。原村は旗本三好氏の領地ではないことから、大名家による藩祖の神格化などではなく、地元の村民によって、神として祀《まつ》られた点に特徴がある。

三好氏の歴史的役割から戦国時代を見た時、三好長慶が足利将軍家を擁立せず、京都や畿内を支配し、足利氏が相対化された天文二十二年（一五五三）から、大坂の陣により、徳川氏の絶対化が完成する慶長二十年（一六一五）までの半世紀を新しい秩序を生み出す「三好・織田・羽柴時代」として、時代区分できるのではないだろうか。

主要参考文献

秋永政孝『三好長慶』（人物往来社、一九六八年）
阿部匡伯「十河一存の畿内活動と三好権力」（『龍谷大学大学院文学研究科紀要』四一、二〇一九年）
天野忠幸『三好長慶』（ミネルヴァ書房、二〇一四年）
天野忠幸『増補版　戦国期三好政権の研究』（清文堂出版、二〇一五年）
天野忠幸『三好一族と織田信長』（戎光祥出版、二〇一六年）
天野忠幸『松永久秀と下剋上』（平凡社、二〇一八年）
天野忠幸『室町幕府分裂と畿内近国の胎動』（吉川弘文館、二〇二〇年）
天野忠幸「信長と畿内大名」（藤田達生編『織田政権と本能寺の変』塙書房、二〇二一年）
天野忠幸「戦国時代の日本国王と海外貿易」（『ビブリア』一五五、二〇二一年）
井上宗雄「九条稙通の生涯」（野村精一編『孟津抄』下巻、桜楓社、一九八二年）
今谷明『室町幕府解体過程の研究』（岩波書店、一九八五年）
今谷明『戦国三好一族』（新人物往来社、一九八五年。二〇〇七年に洋泉社から再刊）
今谷明・天野忠幸編『三好長慶』（宮帯出版社、二〇一三年）
臼井進「戦国期河野氏と足利義昭」（『史叢』一〇二、二〇二〇年）
小川雄「三好丹後守急死事件について」（『静岡県地域史研究会報』一九二、二〇一四年）
小川雄『水軍と海賊の戦国史』（平凡社、二〇二〇年）
奥田勲「三好長慶」（秋山虔編『中世文学の研究』東京大学出版会、一九七二年）

川岡勉『室町幕府と守護権力』（吉川弘文館、二〇〇二年）
木下聡『中世武家官位の研究』（吉川弘文館、二〇一一年）
木下聡『斎藤氏四代』（ミネルヴァ書房、二〇二〇年）
木下昌規『戦国期足利将軍家の権力構造』（岩田書院、二〇一四年）
木下昌規『足利義晴と畿内動乱　分裂した将軍家』（戎光祥出版、二〇二〇年）
木下昌規編『足利義輝』（戎光祥出版、二〇一八年）
木下昌規編『足利義晴』（戎光祥出版、二〇一七年）
久野雅司『足利義昭と織田信長』（戎光祥出版、二〇一七年）
久野雅司『織田信長政権の権力構造』（戎光祥出版、二〇一九年）
久野雅司編『足利義昭』（戎光祥出版、二〇一五年）
黒田基樹『羽柴を名乗った人々』（KADOKAWA、二〇一六年）
小谷利明「畿内戦国期守護と室町幕府」（『日本史研究』五一〇、二〇〇五年）
小谷利明「河内の戦国争乱」（『大阪狭山市史』一、二〇一四年）
斎藤（瀬戸）薫「足利義栄の将軍宣下をめぐって」（『國史學』一〇四、一九七八年）
柴裕之「戦国大名武田氏の遠江・三河侵攻再考」（『武田氏研究』三七、二〇〇七年）
柴裕之『清須会議』（戎光祥出版、二〇一八年）
柴裕之『織田信長』（平凡社、二〇二〇年）
嶋中佳輝「松永久秀の甥・左馬進の出自」（『戦国史研究』八一、二〇二一年）
須藤茂樹「穴山信君と畿内諸勢力・武田外交の一側面・史料紹介を兼ねて」（『武田氏研究』四六、二〇一二年）
田中信司「江口合戦」（黒嶋敏編『戦国合戦〈大敗〉の歴史学』山川出版社、二〇一九年）
谷口克広『検証本能寺の変』（吉川弘文館、二〇〇七年）

主要参考文献

谷口研語『流浪の戦国貴族 近衛前久』（中公新書、一九九四年）
谷口雄太『中世足利氏の血統と権威』（吉川弘文館、二〇一九年）
鶴崎裕雄「「瀧山千句」と三好長慶」（『中世文学』三四、一九八九年）
鶴崎裕雄「新出連歌資料『（仮題）天文三好千句三つ物』」（『國文学』八三・八四合併号、二〇〇二年）
鶴崎裕雄・黒田彰子・宮脇真彦・島津忠夫編『飯盛千句、大原野千句、高野千句』（古典文庫、一九八八年）
長江正一『三好長慶』（吉川弘文館、一九六八年）
中西裕樹『戦国摂津の下克上』（戎光祥出版、二〇一九年）
中西裕樹「芥川山城と芥川城」（『しろあとだより』二一、二〇二〇年）
中平景介「天正前期の阿波をめぐる政治情勢」（『戦国史研究』六六、二〇一三年）
中平景介「天正前期の阿波・讃岐と織田・長宗我部関係」（橋詰茂編『戦国・近世初期　西と東の地域社会』岩田書院、二〇一九年）
長谷川博史『大内氏の興亡と西日本社会』（吉川弘文館、二〇二〇年）
馬部隆弘『戦国期細川権力の研究』（吉川弘文館、二〇一八年）
馬部隆弘「丹波片山家文書と守護代内藤国貞」（『大阪大谷大学歴史文化研究』一九、二〇一九年）
広島県立文書館編『広島県立文書館収蔵文書展　広島藩士三好家文書展』（広島県立文書館、二〇一五年）
福島克彦『畿内・近国の戦国合戦』（吉川弘文館、二〇〇九年）
藤田達生『天下一統』（中央公論新社、二〇一四年）
藤田達生『本能寺の変』（講談社、二〇一九年）
堀新「織田信長の桐紋拝領と「信長公記」」（金子拓編『『信長記』と信長・秀吉の時代』勉誠出版、二〇一二年）
水野智之『室町時代公武関係の研究』（吉川弘文館、二〇〇五年）
水野智之「足利義晴～義昭期における摂関家・本願寺と将軍・大名」（『織豊期研究』一二、二〇一〇年）

水野嶺『戦国末期の足利将軍権力』（吉川弘文館、二〇二〇年）
光成準治『本能寺前夜』（KADOKAWA、二〇二〇年）
村井祐樹『六角定頼』（ミネルヴァ書房、二〇一九年）
森脇崇文「三好にまつわる諸々事」（『東京大学史料編纂所研究紀要』三一、二〇二一年）
森脇崇文「細川真之と三好長治の関係破綻をめぐって」（『戦国遺文三好氏編月報』三、二〇一五年）
森脇崇文「足利義昭帰洛戦争の展開と四国情勢」（地方史研究協議会編『徳島発展の歴史的基盤』雄山閣、二〇一八年）
森脇崇文「織田・長宗我部関係の形成過程をめぐる一考察」（『史窓』四八、二〇一八年）
森脇崇文「三好長治死後の阿波内紛をめぐる一考察」（『鳴門史学』三三、二〇二〇年）
森脇崇文「天正三・四年の畿内情勢における阿波三好家の動向」（徳島地方史研究会編『阿波・歴史と民衆V　地域社会と権力・生活文化』和泉書院、二〇二一年）
森脇崇文「戦国期阿波守護細川家関係者「氏之」の素性について」（四国中世史研究会例会報告レジュメ、二〇二二年）
山下知之「阿波国守護細川氏の動向と守護権力」（『四国中世史研究』六、二〇〇一年）
山下知之「戦国期阿波三好氏の動向と地域権力」（『徳島県立文書館研究紀要』七、二〇一七年）
山下知之「戦国末期阿波国の政治情勢と阿波三好氏権力」（『四国中世史研究』一五、二〇一九年）
山下真理子「天文期細川晴元家中体制下の内衆と三好氏」（『戦国史研究』六九、二〇一五年）
山下真理子「天文期山城国をめぐる三好宗三の動向」（『地方史研究』三八六、二〇一七年）
山田邦明「戦国の活力」（四国中世史研究会・戦国史研究会編『四国と戦国世界』岩田書院、二〇一三年）
山田康弘『戦国時代の足利将軍』（吉川弘文館、二〇一一年）
山田康弘『足利義稙』（戎光祥出版、二〇一六年）
山田康弘『足利義輝・義昭』（ミネルヴァ書房、二〇一九年）

山本浩樹「織田・毛利戦争の地域的展開と政治動向」(『西国の権力と戦乱』清文堂出版、二〇一〇年)
弓倉弘年『中世後期畿内近国守護の研究』(清文堂出版、二〇〇六年)
弓倉弘年「安見宗房と管領家畠山氏」(天野忠幸編『松永久秀』宮帯出版社、二〇一七年)
米原正義「三好長慶とその周辺の文芸」(小川信先生の古稀記念論集を刊行する会編『日本中世政治社会の研究』続群書類従完成会、一九九一年)
若松和三郎『篠原長房』(原田印刷出版、一九八九年。二〇一三年に戎光祥出版から『戦国三好氏と篠原長房』として再刊)
若松和三郎『中世阿波細川氏考』(原田印刷出版、二〇〇〇年。二〇一三年に戎光祥出版から『阿波細川氏の研究』として再刊)

三好氏関係略年表

和暦	西暦	事項
寛正六年	一四六五年	二月、細川成之奉行人の飯尾真覚が三好式部少輔に命令を下す。
文明十七年	一四八五年	八月、之長が徳政一揆の首謀者となる。
永正三年	一五〇六年	二月、之長が細川澄元の先陣として上洛する。
永正四年	一五〇七年	六月、細川政元が暗殺され、之長が細川澄元とともに甲賀へ退去する。
永正五年	一五〇八年	四月、之長が細川澄元とともに近江に没落する。
永正六年	一五〇九年	六月、之長が如意嶽の戦いに敗れる。八月、長秀が伊勢で北畠材親に討たれる。
永正十七年	一五二〇年	三月、之長が上洛する。五月、之長が細川高国に敗れ自害する。
大永七年	一五二七年	三月、元長が足利義維や細川晴元とともに堺に渡海する。
大永八年	一五二八年	七月、元長が山城下五郡守護代となり、京都を支配する。
享禄二年	一五二九年	八月、元長が阿波に下る。
享禄四年	一五三一年	六月、元長が細川高国を天王寺で破り、大物で自害させる。
享禄五年	一五三二年	六月、元長が細川晴元と結んだ一向一揆に敗れ、堺で自害する。
天文二年	一五三三年	四月、長慶が細川晴元の召しにより、淡路に出陣する。
天文八年	一五三九年	六月、長慶が河内十七箇所代官職をめぐって、細川晴元や宗三に対して挙兵する。

三好氏関係略年表

天文十六年	一五四七年	七月、長慶が舎利寺の戦いで、細川氏綱や遊佐長教を破る。
天文十七年	一五四八年	八月、長慶が細川晴元に宗三と宗渭の成敗を求め挙兵する。
天文十八年	一五四九年	六月、長慶が江口の戦いで細川晴元を破り、宗三を討つ。
天文二十一年	一五五二年	正月、長慶が足利義輝と和睦し御供衆となる。
天文二十二年	一五五三年	八月、長慶が足利義輝を近江に追う。
弘治二年	一五五六年	六月、長慶が元長の二十五回忌法要を催す。
永禄元年	一五五八年	十一月、長慶が足利義輝と和睦する。
永禄三年	一五六〇年	十月、長慶が河内を平定する。
永禄四年	一五六一年	二月、長慶・義興が桐御紋を拝領する。五月、長慶と細川晴元が和睦する。
永禄五年	一五六二年	五月、長慶・義興が教興寺の戦いで畠山高政と安見宗房を破る。
永禄六年	一五六三年	八月、義興が死去する。
永禄七年	一五六四年	七月、長慶が死去する。
永禄八年	一五六五年	五月、義継が足利義輝を討つ。十一月、三好三人衆が松永久秀を排除する。
永禄九年	一五六六年	六月、篠原長房が阿波より渡海し、三好三人衆に味方する。
永禄十年	一五六七年	二月、義継が松永久秀に味方する。
永禄十一年	一五六八年	九月、長逸が芥川城を退去する。
永禄十二年	一五六九年	正月、三好三人衆が足利義昭の本国寺を攻める。
元亀元年	一五七〇年	九月、三好三人衆が本願寺と結び、足利義昭と織田信長を破る。
元亀二年	一五七一年	五月、義継と松永久秀が足利義昭から離反し、長逸と結ぶ。
天正元年	一五七三年	十一月、義継が若江城の戦いに敗れ自害する。

天正三年	一五七五年	四月、康長が織田信長に降る。
天正四年	一五七六年	十二月、長治が一宮成相らに敗れ自害する。
天正六年	一五七八年	初頭までに、義堅が堺から阿波に下る。
天正十年	一五八二年	五月、康長が織田信孝を養子とする。八月、義堅が中富川の戦いで長宗我部元親に敗れる。
天正十三年	一五八五年	八月、義堅が羽柴秀吉より仙石秀久の与力を命じられる。
天正十四年	一五八六年	十二月、義堅が戸次川の戦いに敗れ討死する。
文禄元年	一五九二年	生勝・房一・為三が名護屋に在陣する。
慶長五年	一六〇〇年	八月、為三が宇都宮に在陣する。
元和七年	一六二一年	生勝が浅野長晟に仕える。
寛永二年	一六二五年	十二月、為三が徳川秀忠より河内で二千石余を与えられる。
宝永四年	一七〇七年	六月、長広が奈良奉行になる。

天野忠幸（あまの・ただゆき）

1976年（昭和51年），兵庫県に生まれる．大阪市立大学文学部卒業．同大学大学院文学研究科に進み，博士（文学）を取得．現在，天理大学文学部准教授．専門分野は日本中世史．

著書『増補版　戦国期三好政権の研究』（清文堂出版）
『三好長慶』（ミネルヴァ書房）
『三好一族と織田信長』（戎光祥出版）
『荒木村重』（戎光祥出版）
『松永久秀と下剋上』（平凡社）
『室町幕府分裂と畿内近国の胎動』（吉川弘文館）
ほか

三好一族《みよしいちぞく》
— 戦国最初《せんごくさいしょ》の「天下人《てんかびと》」
中公新書 *2665*

2021年10月25日発行

著　者　天野忠幸
発行者　松田陽三

本文印刷　三晃印刷
カバー印刷　大熊整美堂
製　本　小泉製本

発行所　中央公論新社
〒100-8152
東京都千代田区大手町 1-7-1
電話　販売 03-5299-1730
　　　編集 03-5299-1830
URL http://www.chuko.co.jp/

Published by CHUOKORON-SHINSHA, INC.
Printed in Japan　ISBN978-4-12-102665-1 C1221

中公新書刊行のことば

いまからちょうど五世紀まえ、グーテンベルクが近代印刷術を発明したとき、書物の大量生産は潜在的可能性を獲得し、いまからちょうど一世紀まえ、世界のおもな文明国で義務教育制度が採用されたとき、書物の大量需要の潜在性が形成された。この二つの潜在性がはげしく現実化したのが現代である。

いまや、書物によって視野を拡大し、変りゆく世界に豊かに対応しようとする強い要求を私たちは抑えることができない。この要求にこたえる義務を、今日の書物は背負っている。だが、その義務は、たんに専門的知識の通俗化をはかることによって果たされるものでもなく、通俗的好奇心にうったえて、いたずらに発行部数の巨大さを誇ることによって果たされるものでもない。現代を真摯に生きようとする読者に、真に知るに価いする知識だけを選びだして提供すること、これが中公新書の最大の目標である。

私たちは、知識として錯覚しているものによってしばしば動かされ、裏切られる。私たちは、作為によってあたえられた知識のうえに生きることがあまりに多く、ゆるぎない事実を通して思索することがあまりにすくない。中公新書が、その一貫した特色として自らに課すものは、この事実のみの持つ無条件の説得力を発揮させることである。現代にあらたな意味を投げかけるべく待機している過去の歴史的事実もまた、中公新書によって数多く発掘されるであろう。

中公新書は、現代を自らの眼で見つめようとする、逞しい知的な読者の活力となることを欲している。

一九六二年一一月

日本史

日本史